Mosaik

Claudia Graf

Die zwölf Mondkinder

Was das Mondzeichen
über Charakter, Gefühlswelt und
Entwicklung Ihres Kindes aussagt

Mit Zeichnungen
von Ushie Farkas-Dorner

Mosaik Verlag

Der Mosaik Verlag ist ein Unternehmen
der Verlagsgruppe Bertelsmann

Redaktion: Siegrid Kroeber
Buchgestaltung/DTP: Martin Strohkendl
Umschlaggestaltung: Monika Janiszewska
Reproduktionen: Artilitho, Trento
Druck und Bindung: Canale & C.S.p.A., Turin
Printed in Italy
ISBN 3-576-11152-2

Inhalt

Welches Mondkind haben Sie?

In der Astrologie symbolisiert der Mond stets die Gefühlswelt, die Wünsche und Sehnsüchte, die emotionalen Bedürfnisse eines Menschen. Das Mondzeichen soll aber vor allem verraten, was ein Mensch zu seiner inneren Sicherheit braucht, die Grundvoraussetzung für eine reife, verständnisvolle und starke Persönlichkeit ist.

Stellen Sie sich einmal all die Eindrücke vor, die auf Ihr Kind einstürmen. Ein buntes Sammelsurium von Farben, Formen, Gerüchen, Geschmäckern, Stimmen, von Liebe, Vertrauen und Geborgenheit. Ein Kind fühlt, hört, schmeckt, riecht und tastet meiner Ansicht nach zunächst einmal ganz intuitiv mit seinem Herzen.

„Das ist angenehm!“ meldet ihm vielleicht sein Gefühl – und es quietscht vor Vergnügen. Oder aber eine Alarmglocke bimmelt: „Oh, das ist unangenehm!“ – und das Kind weint und sucht den Schutz der Mutter oder des Vaters. Toll, wenn man seine Vorlieben oder Abneigungen (er)kennt und danach handelt.

Aber was geschieht, wenn ihm seine durchaus fürsorglich denkende Mutter nun das Gegenteil „beweist“, weil sie selbst anders darüber denkt? Das Kind gerät in einen inneren Konflikt. Es hat Zweifel an seiner eigenen Wahrnehmung. Es wird in eine Richtung gelenkt, in die es von seinen Anlagen her – astrologisch betrachtet – gar nicht gehen möchte und auch nicht gehen soll.

Verstehen Sie Ihr Kind – ohne große Worte

Genau darum geht es in diesem Buch: Was will Ihr Kind? Welche Anlagen und Eigenheiten hat ihm der Mond mit auf den Lebensweg gegeben? Was ist seiner Entwicklung förderlich? Was gefällt ihm? Und was nicht? Was ist typisch für sein Mondzeichen? Wonach sehnt es sich? Und was verletzt es? Über das Zeichen, in dem der Mond auf seiner allmonatlichen Wanderung durch den Tierkreis zum Zeitpunkt der Geburt Ihres Kindes stand, erfahren Sie die Antworten auf diese Fragen.
Um das Mondzeichen Ihres Kindes herauszufinden, müssen Sie eine kleine Berechnung anstellen. Keine schwierige. Die drei Tabellen auf Seite 8 und 9 helfen Ihnen dabei.

So wird's gemacht

- In Tabelle 1 finden Sie neben dem Geburtsjahr Ihres Kindes die *Jahreskennziffer.* Schreiben Sie diese auf ein Blatt Papier. *Achtung:* Wurde Ihr Kind in einem Schaltjahr geboren (ein durch vier ohne Rest teilbarer Jahrgang wie etwa 1992), müssen Sie zum Ergebnis nochmals 1 addieren.
- In Tabelle 2 finden Sie neben seinem Geburtsmonat die *Monatskennziffer.* Diese addieren Sie zur *Jahreskennziffer.*
- Zu diesem Ergebnis addieren Sie nun noch die *Ziffer oder Zahl seines Geburtstages.*

Beispiel: Ihr Schatz wurde am 15. April geboren. Zählen Sie also 15 hinzu.

Tabelle 1: Jahreskennziffern			
1900: 20	1925: 26	1950: 4	1975: 10
1901: 3	1926: 8	1951: 13	1976: 20
1902: 13	1927: 17	1952: 24	1977: 3
1903: 22	1928: 0	1953: 7	1978: 12
1904: 4	1929: 12	1954: 17	1979: 23
1905: 16	1930: 21	1955: 26	1980: 5
1906: 26	1931: 3	1956: 10	1981: 16
1907: 8	1932: 13	1957: 20	1982: 25
1908: 17	1933: 25	1958: 2	1983: 8
1909: 1	1934: 7	1959: 12	1984: 18
1910: 11	1935: 16	1960: 23	1985: 1
1911: 20	1936: 26	1961: 6	1986: 11
1912: 3	1937: 10	1962: 15	1987: 21
1913: 14	1938: 20	1963: 25	1988: 4
1914: 24	1939: 2	1964: 8	1989: 14
1915: 6	1940: 12	1965: 19	1990: 24
1916: 16	1941: 23	1966: 1	1991: 7
1917: 0	1942: 5	1967: 11	1992: 17
1918: 10	1943: 14	1968: 21	1993: 27
1919: 19	1944: 25	1969: 4	1994: 9
1920: 1	1945: 9	1970: 13	1995: 20
1921: 13	1946: 18	1971: 24	1996: 2
1922: 23	1947: 0	1972: 7	1997: 13
1923: 5	1948: 11	1973: 17	1998: 22
1924: 14	1949: 22	1974: 26	1999: 5

Tabelle 2: Monatskennziffern			
Januar:	0	Juli:	17
Februar:	4	August:	21
März:	4	September:	24
April:	8	Oktober:	27
Mai:	11	November:	3
Juni:	14	Dezember:	6

Tabelle 3: Zuordnung von Kennziffern zu Mondzeichen			
0, 1, 27, 28:	Widder	14, 15:	Waage
2, 3, 4:	Stier	16, 17:	Skorpion
5, 6:	Zwillinge	18, 19:	Schütze
7, 8:	Krebs	20, 21, 22:	Steinbock
9, 10:	Löwe	23, 24:	Wassermann
11, 12, 13:	Jungfrau	25, 26:	Fische

- Von der erhaltenen Gesamtsumme ziehen Sie nun den größtmöglichen der folgenden Werte ab: 27 oder 55 oder 82. Ist die Summe kleiner als 27, gilt die Zahl bereits als Endergebnis.
- In Tabelle 3 finden Sie neben dem Endergebnis das entsprechende Mondzeichen.

Beispiel: Gesucht ist das Mondzeichen meines jüngsten Sohnes David, der am 30. 11. 1994 geboren wurde.

Jahreskennziffer für 1994:	9
+ Monatskennziffer für November:	3
+ Geburtstag:	30
	—
Gesamtsumme:	42
Abziehbar:	27
	—
Endergebnis:	15

Die Zahl 15 entspricht dem Mondstand Waage.

Hinweis: Diese Berechnungsart ist vereinfacht und läßt die genaue Geburtsstunde außer acht. Eine Abweichung um eine Position ist deshalb in einzelnen Fällen möglich.

Das Widder-Mondchen

Wer ist hier der Boss?

Keine Frage: Ihr Widder-Mondchen natürlich. Es weiß genau, was es will. Aber auch, was es nicht will! Wobei es gar keine Rolle spielt, ob Sie einen Jungen oder ein Mädchen im Mondzeichen Widder zur Welt gebracht haben. Auch die kleinen Damen sind von solch einer Entschiedenheit, daß man sich nur wundern kann …

Geschafft! Die Geburt ist überstanden, und Ihr Widder-Mondkind liegt nach all den Anstrengungen gebadet und gewickelt in Ihrem Arm oder in seinem Bettchen. Es schläft. Rund und rosig sieht es aus. So unschuldig. Unschuldig? Glauben Sie's nicht. Ihr Widder-Mondchen hat es faustdick hinter seinen süßen Öhrchen! Wenn Sie nämlich genau hinsehen, entdecken Sie auf seinem rosigen Gesichtchen ein winziges Lächeln. Irgendwie spitzbübisch. „Ich bin da!" könnte das heißen. Und: „Paßt auf, jetzt geht der Spaß erst richtig los!" Genießen Sie also die Ruhe. Denn um es gleich vorwegzunehmen: Es werden auf viele Jahre hinaus höchstwahrscheinlich die letzten ruhigen Stunden sein, in denen Sie Ihren Gedanken nachhängen können. Widder-Mondchen sind mit die aktivsten Säuglinge, die temperamentvollsten Kleinkinder und die abenteuerlustigsten Kinder und Teenager!
Von der ersten Lebensstunde an sind Widder-Mondchen kleine Kämpfer, die nichts mehr hassen, als links liegengelassen zu werden. Natürlich schreien sie, um auf ihren Hunger aufmerksam zu machen. Sehr oft aber auch, weil sie mit dabeisein wollen. Bloß nichts verpassen! Wer ist hier der Boß? Keine Frage, das Regiment führt ab sofort Ihr kleines Widderchen!
Räumen Sie alles aus dem Weg, was wackeln, umfallen und Ihr Baby verletzten könnte. Denn im Gegensatz zu einigen anderen Zeichen beginnt Ihr Widder-Mondchen innerhalb kürzester Zeit kullernd und rutschend seine kleine Welt zu erkunden. Nichts, was nicht interessant wäre! Passen Sie auf bei

Verletzungen im Gesicht und am Kopf. Widderchen sind prädestiniert für Unfälle im Kopfbereich – das ganze Leben lang. Absolute Vorsicht bei Verbrühungen und Verbrennungen: Alles, was heiß ist, dampft oder leuchtet, lockt ein Widder-Mondchen magisch an. Glauben Sie auch nie, daß es noch zu klein ist, um Dinge zu erreichen, die verführerisch über ihm „schweben". Tischdeckenzipfel, Tischleuchten, Vorhänge – Ihr Wonneproppen erreicht alles, weil er alles erreichen will. Merken Sie sich das: weil er will. Denn mit Willen und Ausdauer ist Ihr Widder-Mondchen über alle Maßen gesegnet. Sie hoffentlich auch!

Hurra, ich kann laufen!

Das ist der erste große Triumph im Leben Ihres Kindes. Laufen können, sich fortbewegen, die Welt mit all ihren Formen, Farben und Gerüchen zu erkunden. Widderchen wird schon früh auf seinen eigenen zwei Beinchen stehen, früher laufen als andere. Und es wird eher sprechen. Ich kenne einige Widder-Mondchen, die mit kaum acht Monaten ein klares und deutliches „Mama!" sagten. Haben Sie das Ausrufezeichen bemerkt? Genauso hört sich Ihr Name nämlich in den nächsten zwanzig Jahren an. „Mama!", „Papa!" – immer mit Nachdruck.
Unternehmen Sie viel mit Ihrem Widderchen. Neue Eindrücke sind für Ihr Kind lebenswichtig. Im Laufstall verkümmert es. Es sei denn, Sie sorgen jeden Tag für ein neues Spielzeug. Einfacher und billiger ist es daher, lange Ausflüge mit ihm zu machen.

Große Abenteuer von Anfang an: der Supermarkt, der Tierpark, der Kinderspielplatz. Selbst wenn Ihr Schatz noch zu klein ist, um mitzuspielen – er wird alles genauestens beobachten, speichern, sich merken. Achten Sie doch mal darauf: Dem Klettergerüst wird seine größte Aufmerksamkeit gelten. Widderchen will nämlich hoch hinaus – sowohl körperlich als auch geistig.

Hilfe, Baby trotzt!

Und dann kommt es, das gefürchtete Trotzalter. Seltsamerweise wird Sie aber ausgerechnet Ihr Temperaments- und Willensbündel in dieser Phase nicht so sehr stressen. Widderchen spielt natürlich wie alle Kinder seine Macht aus, will seinen Willen durchsetzen und seine Grenzen (oder Ihre?) erkunden. Doch die Anfälle werden sich in Grenzen halten, nicht halb so lange dauern wie bei anderen Zeichen. Warum? Vielleicht, weil es Sie vom ersten Tag an gut erzogen hat und Sie um seinen eisernen Willen wissen.
Den Kleinkinderschuhen entwachsen, wird Ihr Widderchen schnell die Führung auch außerhalb Ihres Hauses übernehmen. Egal, ob Junge oder Mädchen – es wird der Boß der Kinderbande. Es wird ständig neue und großartige Spiele erfinden, am allerliebsten aber solche in der Art von „Räuber und Gendarm" oder „Cowboy und Indianer". Motto: Je wilder, je lieber. Wenn Sie also stolze Mutter, stolzer Vater eines Mädchens sind, dann versuchen Sie nicht, diesen kleinen Wildfang zu zähmen. Sie würden sicher

scheitern – oder das Kind in seiner Entwicklung einengen. Widderchen brauchen Bewegung, die Aktivität. Wollen Sie es in einem Sportverein anmelden, dann wählen Sie am besten eine Disziplin, in der es um die Einzelleistung geht. Also keine Mannschaftssportart wie Fußball oder Handball, sondern lieber Tennis, Bodenturnen oder Schwimmen. Um seine Phantasie anzuregen, sollten Sie ihm Bücher kaufen, in denen um eine gerechte Sache gekämpft wird. Oder in denen sich ein „Kleiner“ gegen die große Welt zur Wehr setzt.

Ab in die Schule...

Disziplin ist nicht Widderchens Stärke. Und die Schul-Routine ist ihm in aller Regel verhaßt. So kommt es häufig vor, daß Widder-Mondchen in der

Schule nicht ganz bei der Sache sind und auch die Hausaufgaben vernachlässigen. Immerhin gibt es tausend interessantere Dinge auf der Welt. Was tun? Fest steht, daß Widder-Mondchen eine sehr rasche Auffassungsgabe haben. Sie begreifen alles schnell und mögen es einfach nicht, ewig lange beim gleichen Thema zu bleiben. Sie sind eben zupackende Praktiker und keine brillanten Theoretiker. Es hilft dann nichts, Ihren Widder-Mond zum Lernen zu zwingen. Ein wirksamer „Trick" ist dagegen, ihn bei seinem Ehrgeiz zu packen: Sagen Sie ihm, daß es Ihnen gar nichts ausmacht, daß es „langsamer" ist als die anderen, daß sie ihn „trotzdem liebhaben", auch wenn er nicht so schnell lernt. Glauben Sie mir, Ihr Widder-Mondkind wird sich sofort auf seinen Hosenboden setzen und Ihnen beweisen, wie schnell und wie gut es seine Hausaufgaben machen kann. Ein anderer soll besser sein? Wie kommen Mama und Papa nur auf solch eine blöde Idee?!

Die Erziehung – eine Geduldsache

Und das meine ich wirklich so. Haben Sie Geduld mit Ihrem kleinen Wildfang. Schränken Sie seine Aktivität nicht ein, sondern machen Sie mit. Viele Verbote und Zwang – damit erreicht man bei Widder-Monden nichts. Weder bei den ganz kleinen noch bei den großen. Und wird ein Widder-Mondchen in seinen ersten Lebensjahren zu „preußisch" angepackt, kann es zu seiner Verteidigung einen leicht grausamen Zug entwickeln. Oder aber es resigniert. Befehlen Sie ihm nichts, sondern bitten Sie

stets mit einem freundlichen Lächeln. Das funktioniert in den meisten Fällen – und schont überdies Ihre Nerven.
Lassen Sie ihm schon früh die Möglichkeit, seine Umgebung zu erforschen. Sein Freiheitsdrang ist übermächtig und sollte nicht unterbunden werden. Und auch seine Unabhängigkeit will es bewahren. Doch immer im sicheren Wissen, daß Sie in der Nähe sind. Erdrücken Sie es nicht mit Ihrer Obhut, sondern lassen Sie ihm die berühmte lange Leine. Das Widderchen wird immer zurückkommen. Dankbar dafür, daß Sie ihm vertraut haben. Und noch etwas ist wichtig für die gute Entwicklung dieses starken Charakters: Respekt. Wenn ein Widder-

Mondkind Sie respektiert, wird es alles für Sie tun. Dazu gehört allerdings, daß Sie es häufig loben. Bei Lob blüht es auf und verdoppelt seine Anstrengungen. Tadel bewirkt oft nur Trotzreaktionen. Bei häufiger Kritik schwindet jedes Interesse.

Spiel, Spaß, Spannung

Einem Widder-Mondchen kann man mit einem Stoffpüppchen nicht kommen. Schon als Säugling liebt es raschelndes, knisterndes, schepperndes Spielzeug. Rasseln und Glöckchen regen es mehr an als Schmusetierchen. Und farbig muß alles sein. Am liebsten schreiend bunt. Rot ist die Lieblingsfarbe, dicht gefolgt von einem satten Blau und einem lebhaften Gelb. Etwas älter, bevorzugen Widder-Kinder alles, was Krach macht und was sich bewegt: Bälle, Autos, Flugzeuge – allem wird begeistert hinterhergejagt. So ergibt sich von selbst, daß Widderchen vor allem bequeme Kleidung brauchen, die ihnen die größtmögliche Bewegungsfreiheit lassen.

Zeit der Zärtlichkeit

Wie jedes andere Kind braucht auch Ihres Nähe, Ur-Vertrauen und Zärtlichkeit. Allerdings fallen die Schmuserunden Ihres Widderchens wesentlich kürzer aus als die eines Fischleins oder einer Waage. Es wird natürlich auch oft weinend in Ihre beschützenden Arme flüchten, doch wird es ebenso schnell wieder lachen und auf und davon rennen. Erdrücken Sie es nicht mit Liebe. Zärtliche Balgereien, Raufe-

reien und wildes gemeinsames (!) Herumtoben sind für ein Widder-Mondchen viel eher Mittel zum Berührungszweck. (Kinder-)Krankheiten bringen Widderchen viel schneller hinter sich als andere, zartere Zeichen. Am schnellsten genesen die Widder-Winzlinge, wenn man ihnen ihre Ruhe läßt. Dann erwacht nämlich der berühmte Widder-Kampfgeist, der Krankheit von früh an als Schwäche betrachtet. Und schwach? Nein, schwach ist Ihr Liebling ganz und gar nicht. Er ist ein Kämpfer und ein richtiges kleines Power-Paket.

Das Stier-Mondchen

Sanfter Engel mit kleinen Hörnern

Es kann ganz schön stur sein. Aber auch herrlich zärtlich. Es schmust für sein Leben gern. Und geht doch seinen eigenen Weg. Stier-Mondchen sind kleine Genießer – und große Schmeichler. Wer kann einem Stierchen widerstehen? Mama und Papa ganz bestimmt nicht!

Zur Einstimmung eine kleine, ganz alltägliche Szene: Vater und Mutter sitzen mit dem Stier-Mondchen am Tisch. Es ist gerade einmal ein Jahr alt, hat Hunger und dies auch lauthals kundgetan. Die Mama hat Gemüse gekocht. „Hmmm, feines Gemüse", sagt sie und nähert sich mit dem Löffel dem wohlgeformten Mündchen. Stier-Mondchen schaut auf den Löffel, kneift den Mund zusammen – und schüttelt den Kopf. „Komm, laß mich mal probieren", sagt der Papa. „Hmmm, feines Gemüse! Das ist gesund!" Stier-Mondchen guckt den Papa an, schaut auf den Löffel – und kneift den Mund noch fester zusammen. Jetzt sieht man nur noch einen dünnen Strich. Letzter Versuch: „Komm, mein Schatz, davon wird man groß und stark!" Jetzt läuft das Gesichtchen dunkelrot an, und es ertönt ein Geschrei, das sämtliche Nachbarn im

Haus alarmiert. Mama besänftigt. „Was möchtest du denn?“ Stier-Mondchen öffnet zum erstenmal sein Mündchen und verkündet: „Mamalade!“ Was wir daraus lernen? Genau: daß Stier-Mondchen sich zu nichts zwingen oder überreden lassen.

Stur, aber romantisch ...

Manche nennen es Sturheit, andere Dickschädeligkeit, ich nenne es schlicht und einfach einen eigenen Kopf. Und den hat Ihr Stier-Mondchen von der ersten Lebenssekunde an. Glauben Sie nicht, daß es an der rechten Brust nuckelt, wenn es ihm an der linken besser gefällt. Oder umgekehrt. Versuchen Sie auch erst gar nicht, es in das Winterjäckchen zu zwängen. Wenn Stier-Mondchen keine Lust hat auszugehen, wird es einfach die Arme verschränken und abwarten, bis Sie eine bessere Idee haben, wie man den Nachmittag verbringen könnte.
Doch davon einmal abgesehen: Es ist eine einzige Freude, ein Stier-Mondchen im Arm zu halten, es großzuziehen, es zu formen und zu erziehen. Fragt man die Eltern (und läßt man den Dickkopf außer acht), dann berichten sie von zärtlichen, anschmiegsamen Babys, die nichts mehr lieben, als mit Mama und Papa zu schmusen.

Der Stier, das bequeme Gewohnheitstier

Aus der Klinik entlassen, wird das Stier-Mondchen in den ersten Tagen sicherlich etwas unruhig sein. Das liegt vor allem daran, daß es aus seiner „gewohnten“

Umgebung herausgerissen wurde. Stier-Monde sind nämlich Gewohnheitstiere. Am besten hilft dem süßen und in der Regel auch kugelrunden Säugling in dieser Zeit die Nähe der Mutter. Denn die fremden Gerüche, die neuen Geräusche und Stimmen verunsichern Stierchen. Sprechen Sie oft mit ihm, auch wenn Sie in der Küche hantieren oder im Badezimmer sind. Ihre Stimme wird es beruhigen. Es ist auch ein guter Gedanke, Ihrem kleinen, sinnenfreudigen Schatz als Einschlafhilfe ein klassisches Musikstück vorzuspielen. Was genau, ist eigentlich egal, wichtig dabei ist, daß es ein Stück mit gleichbleibender Lautstärke ist. In Forschungen hat sich nämlich gezeigt, daß ständiges Lauter und Leiser Babys den letzten Nerv und somit auch den Schlaf raubt. Und Ihnen letztlich auch.
Möglich, daß Ihr Stierchen etwas später als andere sitzen und krabbeln lernt. Das liegt weniger an seinen Fähigkeiten als vielmehr an seiner Bequemlichkeit. Stierchen begreifen nämlich sehr schnell, daß es auf Mamas Schoß oder auf Papas Arm sehr viel schöner ist als im Laufstall oder in der Babywippe.

Und plötzlich läuft das Stierchen

Ganz unvermutet steht das Stierchen auf und läuft! Und dann geht es richtig los. Sie werden Stierchen kaum mehr wiedererkennen. Ihr ruhiges, friedliches und zufriedenes Kind entpuppt sich als kleiner Wildfang. Verschließen Sie Ihre wertvollen Dinge, denn jetzt ist nichts mehr sicher. Wobei es beim Stier-Zeichen kleine Unterschiede zwischen Jungs und

Mädels gibt. Die Jungs sind echte Jungs. Wild, ungestüm, abenteuerlustig. Die Stier-Mädchen aber werden weitaus ruhiger sein, sich liebevoll um ihre Puppen kümmern. Natürlich gibt es auch unter den Stier-Mädchen richtige kleine Rabauken. Doch die sind eher die Ausnahme. In einem aber sind beide gleich. Sowohl die Jungs wie auch die Mädchen sind mit reichlich Charme gesegnet. Den setzen sie ein, wann immer es nötig ist.

Was schmeckt dem Baby-Stier?

Stier-Monde mögen's gerne deftig. Bratkartoffeln stehen sicherlich ganz oben auf der Essens-Hitliste. Und dann: Kartoffelbrei mit Soße, Würstchen, Knödel. Aber Vorsicht: Stierchen neigen oft dazu, füllig zu werden. Natürlich verliert sich der Babyspeck, doch sollten Sie frühzeitig darauf achten, daß es gesund und ausgewogen ernährt wird. Und: Nicht zuviel Süßes! Kuchen, Schokolade, Kekse, Waffeln und Eis stehen bei Stierchen nämlich ebenso hoch im Kurs. Sie sind eben auch hier Genießer.

Ich will, ich will!

Zwischen dem zweiten und dritten Lebensjahr werden auch Sie an Ihrem Kind eine Wandlung bemerken. Denn natürlich bleibt auch Ihr Schatz (und Sie) von der berüchtigten Trotzphase nicht verschont. Doch keine Bange: Weil Stierchen in aller Regel recht ausgeglichene Naturen sind, halten sich die Zornesausbrüche im Rahmen. Sicherlich werden

auch Sie häufiger ein aufgebrachtes „Ich will! Ich will!" hören, begleitet von hysterischem Gebrüll oder trotzigem Füßestampfen – doch es wird nicht halb so häufig vorkommen wie zum Beispiel bei Widder- oder Löwe-Monden.
Wenn Sie Freunde oder Bekannte besuchen, sollten Sie nie den Fehler begehen, Ihren kleinen Stier in den Mittelpunkt zu stellen. Das ist diesen kleinen Persönchen absolut zuwider. Höchstwahrscheinlich wird es, auch wenn es schon mit zwei Jahren gut und deutlich spricht, stumm wie ein Fisch dastehen. Lassen Sie es lieber in Ruhe. Und genießen Sie die (neidischen) Komplimente Ihrer Freunde über das ruhige und liebe Kind, das da völlig versunken sitzt und spielt.

Musische Genüsse gefragt

Großen Spaß haben Stier-Mondchen an Musik, Gesang und Farben. In vielen schlummert sogar ein

ausgeprägtes musisches Talent, was man hinter der vernünftigen Fassade oft gar nicht vermutet.
Stier-Mondchen sind naturverbunden. Saftiges Gras, duftende Blumen, der Geruch von Holz und von Erde gefällt ihnen. Tiere sind ihre Leidenschaft. Falls Sie nicht selbst in einer ländlichen Gegend wohnen, dann sollten Sie sich diese Vorlieben für den nächsten Urlaub oder Ausflug vormerken.

Der Ernst des Lebens wird ernst genommen

Und dann ist er da, der erste Schultag. Ihr Stierchen nimmt seine neuen Pflichten sehr ernst. Anders als Schütze- oder Löwe-Monde wird es ein eher ruhiger und artiger Schüler, der gewissenhaft seine Hausarbeiten erledigt und auch während des Unterrichts nicht stört. Dankbar dafür, daß keine hektischen Anrufe von verzweifelten Lehrern kommen, sollten Sie Ihrem Schatz nachsehen, daß er nicht unbedingt zu den Klassenersten gehört. Stierchen lernen nämlich normalerweise langsamer. Aber dafür intensiver. Was ein Stier-Mond einmal gelernt hat, vergißt er nie wieder. Das ist natürlich ein großes Plus, wenn es um Prüfungen geht. Sowohl die Mädchen als auch die Jungs mit diesem Mondzeichen bereiten sich sehr gut darauf vor. Sie lernen nicht auswendig, sondern wollen wirklich begreifen. Und das sitzt dann tatsächlich ein Leben lang.
Stier-Monde, wie auch Stier-Sonnen, lieben den Klang scheppernder Münzen im Geldbeutel. Es ist eine Tatsache, daß sich Stier-Monde höchst ungern

von ihrem Geld trennen. Selbstverständlich wird in jungen Jahren so manche Mark in Schokolade oder Eiscreme „investiert", doch wird aufmerksamen Eltern nicht entgehen, daß Stierchen erst einmal nach anderen Möglichkeiten suchen (wir sind wieder beim Charme!), an die süßen Verlockungen heranzukommen. So ist das Thema Taschengeld für Stier-Mond-Eltern eigentlich gar kein Thema. Stierchen wird seinen Schatz hüten – und Woche für Woche mehren. Ein Geschenk, das Stierchen große Freude macht – ganz klar: ein Sparschwein, in dem bereits einige Münzen klingeln.

Erziehung: Vernunft statt Zwang

Ihnen ist inzwischen klar, daß Stier-Mondchen störrisch sind. So störrisch, wie man es nur sein kann. Später wird man bewundernd sagen: ein Mensch mit Charakter. Doch zunächst einmal müssen Sie als Eltern mit der berühmten Stier-Sturheit klarkom-

men. Wie? Wie bereits erwähnt: mit Vernunft und Sanftmut. Man kann ein Stierchen nicht zwingen – aber man kann es überzeugen! Behalten Sie das im Hinterkopf. Für vernünftige Argumente ist ein Stier-Kind immer offen. Und sei es noch so jung. Eine hieb- und stichfeste Erklärung wird es immer akzeptieren, sich zu Herzen nehmen und danach handeln. Reine Befehle ignoriert es. Die größte Tugend Ihres Kindes: seine Geduld.

Spiel und Sport: Kraft und Ausdauer

Musisch, wie Ihr Kind veranlagt ist, sollten Sie ihm die Möglichkeit geben, seine Begabungen auszuleben. Körperlich läßt sich ein Stier-Kind vor allem für „langsamere" Sportarten begeistern und für solche, die Kraft erfordern. Kraft hat Ihr Stierchen nämlich mehr als genug. Beiden, Jungs wie Mädchen, gefällt Reiten. Und Golf (beginnen Sie mit Mini-Golf). Oft auch Geräteturnen. Laufen ist nicht immer ihr Ding. Und wenn, dann in reiferen Jahren Marathon.

Ein Bussi, bitte!

Nähe ist für Stierchen lebenswichtig. Bekommen Sie nicht ausreichend Liebe, verkümmern sie, werden traurige Kinder, die in sich gekehrt, verschlossen und abweisend sind. Die beste Anschaffung für Babys erste Lebensmonate: ein Tragetuch, in dem das Kind an der elterlichen Brust lehnt und nichts als Geborgenheit spürt. Diese Stunden nimmt Ihrem kleinen Schatz niemand.

Das Zwillinge-Mondchen

Das doppelte Lottchen

Manchmal glauben Sie, doppelt zu sehen?
Nein, nein: Es ist nur Ihr Zwillinge-Mondchen,
das die Fähigkeit besitzt, gleichzeitig an zwei
verschiedenen Orten zu sein. Oder drei Dinge
zur gleichen Zeit zu tun.
Atmen Sie also ganz tief durch:
Langeweile wird in den nächsten Jahren
ein Fremdwort für Sie sein!

Da liegt es in seinem Bettchen. Sehen Sie nur seine schlanken, langen Fingerchen! Diese feingliedrigen Füßchen! Und das spitzbübische Stupsnäschen! Doch – was war das? Ging nicht eben ein sanfter Ruck durch den kleinen Körper? Zitterten nicht die winzigen Augenlider? Sie haben sicher richtig gesehen! Nicht einmal im Schlaf kommt ein typisches Zwillinge-Mondchen zur Ruhe. Etwas bewegt sich, etwas regt sich immer.

Bewegung ist lebenswichtig für Ihren Wonneproppen. Schon in seinen ersten Lebenstagen wird Zwillinge-Mondchen mehr strampeln als andere Säuglinge. Es wird aufmerksamer seine Umgebung betrachten. Und es wird Ihnen begeistert zuhören. Worte, Stimmen, Töne sind sein zweites Lebenselixier. Ich gehe davon aus, daß ein Zwillinge-Mondchen die Sprache erfunden hat. Erzählen Sie ihm während des Stillens oder Fütterns also Geschichten. Vielleicht Erlebnisse aus Ihrer Jugend. Oder all das, was Sie bewegt den lieben Tag lang. Singen Sie fröhliche Kinderlieder. Singen – nicht summen. Egal, ob die Texte nun richtig sind oder frei erfunden. Worte will Ihr Liebling hören. Hauptsache Worte.

Beim Wickeln wird Ihnen nicht entgehen, daß Ihr Zwillinge-Mondchen enorm viel Schwung in den Beinchen hat. Es wird strampeln vor Vergnügen, wenn Sie es hin- und herrollen, es wird bei der Baby-Gymnastik freudig seine Beinchen hochziehen, es wird quietschen vor Wonne, wenn Sie mit seinen Füßchen „Bitte, bitte“ machen. Beinarbeit sollte das A und O bei Ihrer täglichen Gymnastik oder beim Spielen mit dem Kleinen sein.

Nun gesellt sich bei Zwillinge-Mondchen zum Bewegungsdrang noch eine weitere typische Eigenschaft hinzu: Neugierde. Nichts, was nicht interessant wäre. Ansporn genug für Ihren Schatz, so schnell wie möglich krabbeln zu lernen! Garantiert: Wenn es soweit ist, werden Sie ab und zu an Ihrem Verstand zweifeln: Sie schwören, daß Baby eben noch im Wohnzimmer vor seinen Bauklötzchen saß? Bestimmt nicht. Baby sitzt doch in der Diele und kaut vergnügt die Blätter des neuen Telefonbuchs. Es ist schneller an einem anderen Ort, als man schauen kann. Und dann wieder am nächsten. Holen Sie also tief Luft. Jetzt ist Ihre Fitneß gefragt!

Schier grenzenlos ist der Freiheitsdrang

Nun, sicherlich werden Sie einen Laufstall brauchen. Schon allein, um mit einer gewissen inneren Sicherheit die tägliche Hausarbeit zu erledigen. Doch be-

denken Sie: Enge und Beengtsein bedeutet für Ihren kleinen Schatz fast schon seelische Grausamkeit. Er braucht seine Freiheit wie die Luft zum Atmen, er will suchen, entdecken, erforschen, alles „be-greifen". „Hinter Gittern" würde sein Wissensdurst verkümmern.

Daß es dazu aber erst gar nicht kommt, dafür sorgt Ihr Purzel schon ganz alleine. Um dem „Käfig" zu entkommen, setzt er nämlich seine stärkste Waffe ein: Sie vermuten ganz richtig – seine Stimmbänder. Nun sind Zwillinge-Mondchen in der Regel eher zierlich gebaut. Der Schock für manche Eltern ist deshalb um so größer, wenn Zwillinge-Mondchen zum ersten Mal so richtig sauer ist und zeigt, wieviel Stimmgewalt es von der Natur mitbekommen hat. Versorgen Sie es dann mit reichlich bunten Spielsachen, mit Bilderbüchern und Spielzeug, das Töne von sich gibt. Eine Stunde (in der Sie kochen, bügeln, aufräumen) können Sie damit sicherlich überbrücken.

Dann sind Sie wieder dran. Falls Sie nicht mit älteren Kindern gesegnet sind, wird Zwillinge-Mondchen Sie in Beschlag nehmen. Bilderbuchlesen steht ganz oben auf seiner Unterhaltungs-Wunschliste. Je bunter, je lieber. Je spannender, desto besser. Es wird nicht lange dauern, und Baby wird Ihnen nachplappern. Zwillinge-Mondchen sind die Kinder, die am ehesten reden. Neben dem angeborenen Wissensdurst und der Neugierde liegt es nämlich in ihrer Natur, das wiederzugeben, was sie gehört, gesehen, erlebt haben. Und das ist viel.

Zwillinge-Mondchen trotzen wie alle anderen Kin-

der auch. Doch kann man sie normalerweise leichter aus ihrer Hysterie herausholen. Wie? Indem man ihre Neugierde weckt. Probieren Sie es aus. Statt sich stundenlang zu ärgern, sollten Sie sich überlegen, womit Sie es ablenken können. Am besten funktioniert diese Masche, wenn Sie „es“ vormachen. Beginnen Sie beim nächsten Anfall, im Lieblingsbuch Ihres Kindes zu lesen. Oder machen Sie ein Konzert mit Kochtopf und Kochlöffel. Spielen Sie mit dem Plastik-Zoo das „Dschungelbuch“ nach, oder schlagen Sie eine Kissenschlacht vor. Je nach Ihrem eigenen Temperament.

Die kleinen Fluchten

Sie werden an Ihrem Liebling recht bald bemerken (aber spätestens, wenn er sich artikulieren kann), daß er mit Begeisterung in andere Rollen schlüpft. Zwillinge-Mondchen sind herrliche und geniale

Schauspieler. Sie sind Meister im Nachahmen. Wie lacht Tante Frieda? Ihr Kind wird es Ihnen rasch vorführen. Wie bellt der Nachbarshund? Zwillinge-Mondchen kann's Ihnen zeigen. Wenn es seine ersten Freundschaften knüpft, im Kindergarten oder in der Nachbarschaft, wird Ihr Zwillinge-Kind in die Rolle des Clowns schlüpfen. Oder in die des Spieleerfinders. Denn die Phantasie der Zwillinge-Mondchen ist Legende.
Noch ein Tip: Falls es möglich ist, sollten Sie Ihr kleines Sprachgenie eine zweite Sprache erlernen lassen. Vielleicht können Sie selbst ja Englisch oder Französisch? Oder Sie haben ausländische Freunde? Lassen Sie sie täglich mit Ihrem Kind reden. Je früher Sie damit beginnen, desto besser. Zweisprachigkeit wird Ihrem Zwillinge-Kind vermutlich keinerlei Schwierigkeiten bereiten. Und später nützlich sein. Denn es wird viel im Ausland unterwegs sein.

ABC – das liegt Ihrem Kind im Blut

Die Schulzeit wird Ihr Kind vermutlich genießen. Nicht, weil es so schlau und so übermäßig klug ist und nicht viel lernen müßte. Nein: weil die Schule ein Ort ist, an dem man jeden Tag etwas Neues hört. Sicherlich: In Mathe, Chemie und Physik wird es vielleicht so seine Schwierigkeiten haben. Aber dafür erhält es für seine Aufsätze die Schulpreise und für seine Leistungen in den Fächern Geographie, Biologie, Deutsch und Fremdsprachen Auszeichnungen. Allerdings müssen Sie damit rechnen, daß Sie der Lehrer ab und zu darauf anspricht, daß die

Hausaufgaben schlampig oder fahrig gemacht werden. Ausdauer und Geduld zählen nämlich nicht zu Zwillinge-Mondchens Stärken. Und so besteht die Gefahr (auch bei Dingen, für die es sich interessiert), daß es den Lehrstoff nur überfliegt, die Essenz herauszieht und alles übrige links liegenläßt und vergißt. Zwillinge-Mondchen sind Meister darin, sofort das Wesentliche zu erkennen und auf den Punkt zu kommen. Das ganze Drumherum ist für sie unnötiger Gehirn-Ballast.
Schicken Sie Ihr Kind morgens früh genug los. Planen Sie ein, daß es auf jedem Meter seines Schulwegs etwas entdeckt, das es mehr interessiert als die Uhrzeit. Pünktlichkeit ist nicht seine Stärke. Nicht, daß es unpünktlich sein will. Nein: Ihr Kind lebt in vielen Phantasiewelten. Hinter jedem Busch, hinter jedem Baum lauern Abenteuer, Riesen, Zwerge,

Ungeheuer, Dinos – und die wollen erforscht werden. So bummelt es, vergißt die Zeit – und den Lehrer, der wieder mal auf Zwillinge-Mondchen wartet.
Zwillinge-Mondchen können nicht stillsitzen. Sitzen ist für sie eine Strafe.
Es wird Ihnen auch auffallen, daß Ihr Kind immer mindestens zwei Dinge gleichzeitig tut. Sitzt es über seinen Hausaufgaben, hört es nebenbei Radio. Oder telefoniert. Oder es strampelt mit dem Geschichtsbuch in der Hand auf dem Trimmrad. Wenn seine Leistungen gut sind – warum nicht?

Sport muß sein!

Vielleicht kein regelmäßiger, aber gönnen Sie Ihrem Kind den Spaß, im Team zu laufen, zu springen, zu turnen. Es wird nicht immer Lust haben, weil ihm vielleicht gerade andere Dinge wichtiger sind. Doch wenn es einmal dabei ist, wird es sehr großen Spaß haben. Die Bewegung tut ihm gut. Ihnen auch, weil es abends zufriedener und ausgeglichener ins Bett geht. Leistungssport liegt ihm weniger. Zwillinge-Monde sind keine großen Kämpfer. Sie treiben Sport der Bewegung wegen.

Schmusestunden sind Kuschelrunden

Am meisten liebt Sie Ihr Kind, wenn Sie mit ihm sprechen, ihm vorlesen oder ihm eine Geschichte erzählen. Worte sind, wie schon gesagt, sein Lebenselixier. Je älter es wird, umso mehr „frißt“ es Erzäh-

lungen in sich hinein. Die größte Freude machen Sie ihm im Kleinkindalter mit Hörspielkassetten, später mit Büchern. Es wird immer ein Bücherwurm bleiben. Bis ins hohe Alter. Erwarten Sie während der Kindheit keine großen Liebesschwüre. Und auch keine großartigen Zärtlichkeiten. Natürlich kuschelt es mit Ihnen. Aber wahrscheinlich erst abends, wenn es müde ist und sein hellwacher Geist zur Ruhe kommt. Seine Art, Liebe zu zeigen, sind eben auch Worte. Irgendwann wird es im Sandkasten sitzen und Ihnen im Vorbeigehen zurufen: „Dieser Kuchen ist für die liebste Mama (oder den liebsten Papa) auf der ganzen Welt!" So sind sie eben, die Zwillinge-Mondchen. Einfach liebenswert.

Das Krebs-Mondchen

Geliebtes kleines Träumerchen

Es ist so lieb, so rosig, solch ein Wonneproppen.
Jeden wickelt es um seine winzigen Fingerchen.
Und doch treibt Sie Ihr Krebs-Mondchen
mit seinen Launen manchmal zur Weißglut?
Aber das ist schnell vergessen: Dann nämlich,
wenn es Sie zärtlich in seine Ärmchen nimmt
und flüstert: „Ich hab dich soooo lieb!“

Ihr kleiner Schatz ist ein Träumerchen. Aber ganz anders als beim frischen und immer abenteuerlustigen Zwilling sind die Traumwelten der Krebs-Mondchen stets höchst romantisch, verklärt und ein bißchen nebulös. Schauen Sie Ihrem Krebs-Mondbaby einfach nur in die Augen: Sehen Sie den sanften Schleier? Das ist es, was ich meine. Die meisten wirken etwas entrückt. Dabei sind Krebs-Mondchen aber auch richtig drollige Babys. Ihre winzigen Gesichtchen sprechen Bände. Wer bereits ein etwas größeres Krebs-Mondchen hat, der weiß um das Mienenspiel und die Grimassen, die diese kleinen Menschen schon ab frühester Kindheit meisterhaft beherrschen. Manchmal kann man sich kugeln vor Lachen, wenn es sein Mündchen spitzt und die Stirn runzelt oder wütend die kaum sichtbaren Augenbrauen hochzieht. Aber Vorsicht: Nicht lachen! In solch einem Moment ist Baby für Scherze nicht zu haben.

Himmelhoch jauchzend, zu Tode betrübt. So etwa könnte man Krebs-Mondchens Grundstimmung bezeichnen. Seine Launen wechseln nämlich ständig. Gerade lacht und gluckst es noch, im nächsten Moment weint es. Warum? Weil man sein Lachen nicht beachtet hat.

Krebs-Mondchen sehnen sich danach, umsorgt, umhegt und bewundert zu werden. Sie brauchen so viel Liebe wie alle anderen elf Zeichen zusammen. Nur die Liebe und die Fürsorge geben ihnen Sicherheit. Und machen sie stark fürs Leben.

Loben Sie es also, wenn es sich angestrengt hat. Selbst in den ersten Lebensmonaten spürt Ihr

Krebs-Mondchen die Anerkennung. Lob und Beifall lassen es aufblühen. Sie sind Garanten dafür, daß es sein Bestes zu geben versucht. Mißachtung läßt es resignieren. Ganz wichtig ist für Krebs-Mondbabys die Berührung. Streicheln Sie Ihr Kind, so oft es Ihnen möglich ist. Besonders dann, wenn Sie es loben.

Wozu hat man Beine?

Krebs-Mondchen sind zurückhaltend, wenn es darum geht, Neuland zu erforschen. Viele Krebs-Mondbabys sitzen länger als andere Kinder. Mit dem Krabbeln und den ersten Schritten lassen sich diese sensiblen Menschenkinder lieber etwas Zeit. Aus dem sicheren Laufstall heraus beobachten sie die Welt um sich herum. Sie sind beeindruckt von den vielen Farben, den Geräuschen aus der Küche, dem Rauschen des Wasserhahns, dem Ding-Dong der Kirchturmuhr. Hingebungsvoll befühlen und betasten sie die Spielsachen, die man ihnen anbietet. Krebschen fühlen sich im Laufstall wohl. Die Abgeschlossenheit vermittelt ihnen ein Gefühl von Geborgenheit und Sicherheit. Doch auch Ihr Krebschen wird sich eines Tages an den Gitterstäben hochziehen und auf seinen wackeligen Beinchen stehen. Beifall, bitte! Und nicht zu knapp, denn sonst läßt es sich gleich wieder hinplumpsen und wagt den nächsten Versuch erst ein paar Tage später.

Ein ängstliches Seelchen

Krabbelt und läuft Ihr Schatz schließlich, sollten Sie ihm Ziele vorgeben, die er ansteuern kann. Bauen Sie am anderen Ende des Wohnzimmers einen Klötzchenturm auf und weiter links davon ein paar Stofftiere. Krebs-Mondchen lieben bekannte Dinge. Ziel- und planlos draufloszulaufen, das ist nichts für ein typisches Krebs-Mondkind. Es hat nämlich eine

recht furchtsame Seele. Laute Geräusche, Motorräder, Dunkelheit, fremde Gesichter, große Tiere, übergroßes Spielzeug ängstigen es.
Vor einem allerdings hat Ihr Baby ganz und gar keine Angst: vor Wasser. Herrlich wäre, würden Sie schon im Babyalter mit dem Schwimmen beginnen. Sie werden sich über die plötzliche Wandlung nur wundern. Dieser aufgeregte, quietschvergnügte und strampelnde Säugling soll Ihr sensibles Krebschen sein? Er ist es. Wasser ist sein Element. Dort fühlt er sich wohl. Doch auch hier gilt: Immer ganz nah bei ihm sein. Plitsch-platsch macht riesig Spaß – aber noch mehr, wenn Mama oder Papa mitplanschen.

Die Küche – Babys Lieblingsort

Überdurchschnittlich viele Menschen, die in der Gastronomie (und dort in der Küche) arbeiten, haben eine Krebs-Sonne oder einen Krebs-Mond. Eigentlich logisch. Denn so gerne das Krebszeichen verwöhnt wird, so gerne verwöhnt und umsorgt es auch andere. Hat Ihr Purzel erst einmal begriffen, daß man in den großen, glänzenden Töpfen Essen zubereitet, wird die Küche sein Lieblingsspielplatz. Krebs-Mondchen sind von Geburt an kleine Feinschmecker. Sie lieben leichte Kost. Früchte, Fisch, knackiges Gemüse. Deftige Sachen liegen ihnen schwer im Magen. Sie fühlen sich auch wohler, wenn sie statt dreimal fünfmal am Tag essen können.

In jedem Krebs-Mondchen – ob Junge oder Mädchen – stecken hausfrauliche Qualitäten. Beide mögen eine schöne, aufgeräumte Umgebung. So wird es nicht lange dauern und Ihr Kind hilft Ihnen beim Aufräumen, beim Saubermachen und Putzen.

Trotzen – das können Krebschen!

Und dann kommt der Tag, an dem Ihr empfindsames und scheues Kind plötzlich hochrot anläuft, vor Wut bebt, mit den Füßen stampft, um sich schlägt und weint. Haben Sie's bemerkt? Krebs-Mondchen kreischt weder hysterisch, noch brüllt es aus Leibeskräften, wenn es trotzt. Nein, Krebs-Mondchen weint. Tränen sind seine stärkste Waffe. Sie werden sich und Ihrem Kind keinen Gefallen tun, wenn Sie angesichts der Tränen dahinschmelzen. Auch Ihr Krebschen muß und will seine Grenzen kennen. Nehmen Sie es liebevoll in den Arm, wenn es seinen Kopf durchsetzen möchte. Streicheln Sie es. Reden Sie beruhigend auf es ein. Wenn alles nichts hilft, probieren Sie einen Trick: Tun Sie selbst so, als ob Sie weinen. Schauen Sie todtraurig, reiben Sie sich die Augen. Das wird Ihr Krebschen nicht lange mitansehen können. Der angeborene „Mutterinstinkt" wird durchbrechen. Und am Ende wird es Sie trösten.

Mit viel Liebe durch die Schulzeit

Ich will es noch einmal betonen: Ihr Kind braucht mehr Liebe und Fürsorge als alle anderen elf Zeichen zusammen. Der tägliche Besuch des Kindergartens und später der Schule ist für ein Krebs-Mondchen ein großer Schritt. Riesengroß. Größer, als wir Erwachsenen ihn uns vorstellen. Für viele Stunden herausgerissen aus der häuslichen und mütterlichen Geborgenheit, fühlt es sich unsicher, verloren, verängstigt. Und alleingelassen. Am besten, Sie sprechen schon vor dem Kindergarten- oder Schulbeginn viel und oft und begeistert von der neuen Situation. Beschreiben Sie sie so gut wie möglich und in allen Einzelheiten, damit sich Ihr Kind darauf einstimmen kann. Ist es dann soweit und der Schulranzen zum erstenmal gepackt, begleiten Sie es mit einem fröhlichen Lächeln. Damit nehmen Sie ihm die Angst vor dem Unbekannten. Bald wird es sich zurechtfinden und Freundschaften schließen. Begeistern wird es sich vermutlich fürs Malen, Singen – und später auch für Geschichte. Krebs-Monde sind gewissenhaft und interessiert, was Schularbeiten betrifft.

No sports!

Sicherlich gibt es auch Sportgrößen mit einem Krebs-Mond. Doch die dürften eher die Ausnahme als die Regel sein. Krebs-Mondkinder tendieren zu musischen Hobbies. Fotografieren gehört dazu, Malen, Musik. Ich glaube, es gibt kein Krebs-Mondchen, das sich nicht für ein Instrument begeistert. Falls es Sport treiben möchte, dann vermutlich einen, der mit Wasser zusammenhängt: Rudern, Schwimmen, Wasserballett.

Kuscheln mit Mama – einfach das Größte!

Sie wissen jetzt, welch ein zartes und einfühlsames Seelchen Ihnen beschert wurde. Klar, daß dieses gepflegt sein will. Streicheln Sie es stark. Nehmen Sie Ihren Schatz oft in den Arm. Nicht nur, wenn er tränenüberströmt und verletzt oder enttäuscht vom Spielplatz nach Hause kommt. Auch einfach dann, wenn Ihnen danach zumute ist. Scheuen Sie keine Mühe, Ihrem Kind immer wieder klarzumachen, daß es für Sie das hübscheste, gescheiteste und allerliebste Kind ist.

Jetzt runzeln Sie die Stirn, stimmt's? Denken, daß man damit doch ein verwöhntes, egoistisches Kind heranzieht? Nicht beim Krebschen. Es füllt damit sein Defizit an Selbstvertrauen auf. Bekommt es von Ihnen genügend Rückendeckung, wird es später einen starken Charakter haben.

Krebschens Lieblingsfarben

Blau ist die Farbe, die ein Krebschen am positivsten beeinflußt. Es ist nie zu spät, das Zimmer eines Krebs-Mondkindes blau zu streichen. Wählen Sie ein lichtes, helles, freundliches Blau für das Kinderzimmer. Das beruhigt Ihren Schatz und nimmt ihm die ängstlichen Gefühle. Auch andere Pastelltöne bekommen ihm gut. Apricotfarbene Bettwäsche, lichtgelbe Vorhänge. Wichtig ist die Zartheit der Farben und Schattierungen. Knallfarben liegen dem Krebs-Mondchen weniger.

Das Löwe-Mondchen

Gut gebrüllt, kleiner Löwe!

Es liebt den großen Auftritt. Von der ersten Stunde an. Löwe-Mondchen gehören ins Rampenlicht. Seine Bühne wird Ihre Familie sein. Zunächst einmal. Später wird es seine kleinen Kameraden unterhalten. Und irgendwann einmal bewundern Sie Ihren Schatz im Fernsehen oder im Theater - und platzen vor Stolz!

Da liegt es nun in Ihrem Arm. Rund und rosig, vermutlich mit mehr Haaren auf dem Kopf als alle anderen Babys, die Sie kennen. Es hat sich satt genuckelt und blickt Sie aufmerksam an. Na, war da nicht noch was? Aber natürlich: Jetzt will Klein-Löwe-Mondchen gelobt werden! „Braves Kind. Toll hast du getrunken. Richtig prima!“ sagen Sie. Merken Sie, wie es plötzlich „Haltung“ annimmt? Sich streckt? Und schauen Sie nur, wie sich sein Blick verändert: Richtig geschmeichelt schaut es Sie an. Und das mit nicht einmal einem Monat.

Lob und Beifall sind die beiden Lebenselixiere Ihres kleinen Lieblings. Er braucht beides wie die Luft zum Atmen. Ohne Lob und gebührenden Beifall wird er sich nicht anstrengen, wird er in seiner Entwicklung hinter anderen Kindern zurückbleiben. Also loben Sie.

Die Erziehung eines Löwe-Mondchens ist tatsächlich eine zwanzig Jahre lange Gratwanderung zwischen herzlichem Miteinander und wahrer Tyrannei. Ihr Schatz wurde nämlich mit einem eisernen Willen und einer riesigen Portion Selbstbewußtsein ausgestattet. Aber auch mit reichlich Diplomatie. Sie werden in den ersten sechs, sieben Monaten gar nicht bemerken, wie geschickt und gekonnt er Sie um seine winzigen Fingerchen wickelt.

Holt mich hier raus!

Sitzt Ihr Spatz im Laufstall und hat nun gar keine Lust mehr darauf, wird er natürlich brüllen. Lautstark, wie es seine Art ist. Und mit Nachdruck.

Halten Sie dann bitte mal ein bißchen länger durch als sonst. Löwe-Kinder können ganz schön nachtragend sein. Es kostet Sie viele Küsse und Schmusereien, ehe es Ihnen huldvoll verzeiht.
Wir sind beim nächsten Stichwort: huldvoll. Ihr Kind besitzt nämlich eine natürliche Autorität und Würde. Man kann das bereits bei den winzigsten Löwe-Mondchen feststellen. An ihrer Haltung. Sie ist beeindruckend, irgendwie erhaben.
Vorsicht: Löwe-Mondchen, die gewohnt sind, den Ton anzugeben, lassen sich später nur schwer umerziehen. Bremsen Sie seine Begeisterung und seinen Willen zum Führen nicht. Aber stecken Sie schon frühzeitig seine Grenzen ab. Auch wenn es noch so schwerfällt. Noch ein Tip: Tadeln Sie den kleinen Prinzen oder die kleine Prinzessin niemals vor anderen. Das wird Ihnen nie verziehen.

Die ersten Schritte – die große Freiheit

Ein typisches Löwe-Mondchen übt am allerliebsten im Verborgenen. Auf wackeligen Beinchen hangelt es sich am Couchtisch hoch. Hoppla, hingeplumpst. Macht nichts. Nochmal probieren. Es wird nicht lange dauern und Löwe-Mondchen steht sicher und beeindruckend aufrecht vor dem Sofa. Erster Schritt, zweiter Schritt. Aha, so geht das also! Noch einer. Und noch einer. Schaut jemand zu? Jetzt will es Publikum, jetzt will es gelobt werden. Sie sind begeistert. Ihr Löwe-Mondchen auch. Man könnte fast

glauben, es hat all die Monate nur auf diesen Moment gewartet. Laufen! Hurra, das wahre Leben kann beginnen!
Spätestens jetzt werden die Kinder auf dem Spielplatz und dort in der Sandkiste feststellen, wer der Boß ist. Hält sich eines der Kinder nicht an die Spielregeln (die Ihr kleiner Schatz natürlich ganz allein bestimmt), wird er sich in voller Größe vor ihm aufbauen und ihm klarmachen, wie der Hase läuft. Dein Förmchen? Nichts da – die Förmchen sind für alle da! Und für mich besonders!
Wenn Sie ihm allerdings erklären, daß jedes Kind mal an der Reihe ist und daß Teilen gerecht ist, wird er einsichtig sein. Löwe-Mondchen haben nämlich einen ausgeprägten Sinn für Gerechtigkeit. Kleine Egoisten, wie sie sein können, wollen sie dennoch niemanden verletzen. Also doch: Die Förmchen sind für alle da!

„Das geht so nicht!"

Die Trotzphase ist für Eltern eines Löwe-Mondchens eine schwere Zeit. Mit seinem ausgeprägten Willen und Machtanspruch versucht es, sich lauter, vehementer und ausdauernder durchzusetzen als andere Kinder. Wenn Löwe-Mondchen trotzt, dann meist, weil es sich verletzt fühlt. Nicht genug beachtet. Andere trotzen häufig dann, wenn sie etwas nicht bekommen. Nicht so Ihr Löwe-Mondchen. Es wird trotzen, weil ihm etwas nicht gelingt. „Das geht so nicht!" wird es schreien, wenn es etwas nicht fertigbringt. „Das ist doof!" wird es kreischen, wenn

der Klötzchenturm immer wieder umfällt, weil er zu hoch und zu wackelig war. Löwe-Mondchen wird schimpfen, weil es etwas kaputtgemacht hat. Weil Sie nicht da waren. Weil sich in diesem Moment die ganze Welt gegen es verschworen hat. Nehmen Sie Ihr Kind zärtlich in den Arm, sagen Sie beruhigende Worte. Beheben Sie den Schaden, falls möglich. Erklären Sie ihm, warum Sie nicht da waren. Hilft alles nichts, sollten Sie Ihr Löwe-Mondchen in Ruhe lassen. Und sich nicht seiner Tyrannei aussetzen. Es würde sich diese Taktik sofort aneignen.
Im Grunde seines Seelchens ist Ihr kleiner Prinz oder Ihre Prinzessin aber warmherzig, großzügig

und mit ausreichend Beifall auch zufrieden. Wenn es die Trotzphase hinter sich hat, wird es ausgeglichener sein und als Sonnenscheinchen in die Geschichte Ihrer Familie eingehen.

Zeit der Zärtlichkeit

Vielleicht besuchen Sie mit Ihrem Schatz bald einmal den Zoo. Mit etwas Glück können Sie dort eine Löwenmama mit ihren Jungen beobachten. Schauen Sie genau hin: Ganz ähnlich benimmt sich doch Ihr Wonneproppen, oder? Vergnügt purzeln und kullern die Babys um ihre Mama herum, sie kuscheln sich in das Fell und knuffen sie zärtlich an die Nase. Ihr Kind ist nicht anders. Es liebt solche zärtlichen Rangeleien. Knuddeln Sie es abends im Bett, ehe Sie ihm eine aufregende Geschichte erzählen. Lassen Sie es über Sie krabbeln, Ihre Haut spüren. Streicheln Sie ihm über die Brust, die sensibelste Körperpartie eines Löwe-Kindes.

Lehrers Liebling

Natürlich wissen Sie, wieviel Charme Ihr Liebling besitzt. Daß er es damit aber sogar fertigbringt, sich um die Hausaufgaben herumzumogeln – das hätten Sie nun nicht gedacht, oder? Tatsache ist, daß Löwe-Mondchen intelligent sind und eine rasche Auffassungsgabe besitzen. Den Fleiß allerdings haben sie nicht erfunden. Warum hat Ihr Kind dann aber trotzdem so gute Beurteilungen, warum lobt der Lehrer Ihren Schatz bei jedem Elternabend über den grünen Klee? Sie wissen doch ganz genau, daß er die Hausaufgaben oft vergißt oder sie nur im Vorbeigehen erledigt … Ganz einfach: Ihr Schatz ist auch der Schatz des Lehrers. Erinnern Sie sich doch einfach zurück, wie es war, als Ihr Baby gerade einmal ein halbes Jahr alt war und Sie um den Finger wickelte. Genauso geht es jetzt ihm. Mit Zwang werden Sie bei Ihrem Löwe-Mondchen aber gar nichts erreichen. Mit Strafe (Fernsehverbot, Gameboy-Entzug) auch nichts. Appellieren Sie lieber an seine Eitelkeit. Fragen Sie es beiläufig, ob es denn allen Ernstes Klassenletzter werden möchte. Ob es denn keine Lust mehr hat, allen zu zeigen, was in ihm steckt. Das wird meist helfen. Und falls es sich dann wirklich an die Arbeit macht, loben Sie es. Und immer wieder: Beifall für die gute Note – auch wenn sie nicht die beste ist.

Früchte schmecken sooooo gut!

Viele Kinder – und besonders Löwe-Mondchen – sind sehr wählerische Esser. Womit man sie dennoch

zu einer ausgewogenen Kost überlisten kann, ist die Optik. Denn Löwe-Mondchen essen zunächst einmal mit den Augen. Gefällt ihnen, was auf dem Teller liegt, dann wollen sie es auch probieren. Spricht es sie optisch nicht an, ignorieren sie das Essen. Immer darauf achten, daß immer genügend Früchte (am besten Südfrüchte) im Haus sind. Löwe-Mondchen lieben in aller Regel Früchte.

Spiel und Spannung

In diesem Punkt unterscheiden sich Löwe-Jungs und Löwe-Mädchen ein bißchen. Löwe-Jungs lieben Kampfspiele. Sie sind die Indianer-Häuptlinge, die Generäle, die Super-Detektive. Also wieder mal die Bosse. Löwe-Mädchen sind etwas zurückhaltender. Sie wirken von klein auf irgendwie damenhaft. Sie haben Spaß an hübschen Kleidern, an schönen Frisuren und an den Kosmetika ihrer Mama. Löwe-Mädchen spielen gerne „Mutter und Kind“, wobei sie natürlich die Rolle der Mama übernehmen. Löwe-Mondchen sind herrliche kleine Schauspieler und Tänzer, denen es leichtfällt, Texte und Schrittfolgen zu lernen. Außerdem lieben und brauchen sie, wie bereits erwähnt, das Publikum. Sportlich gesehen wählen Löwe-Mondchen ebenfalls eher den Einzelkampf als Mannschaftssportarten. Oder aber sie werden innerhalb kürzester Zeit Kapitän der Truppe. Interessant sind auf jeden Fall Tennis, Squash, Ballett, Selbstverteidigungs-Sportarten wie Judo oder Karate, aber auch Golf und Skifahren.

Das Jungfrau-Mondchen

Bescheidenheit ist ihre Zier

Sie sind so ruhig, so diszipliniert, richtige Musterkinder. Doch hinter der eher kühlen Fassade schlägt ein unsagbar romantisches Herz. Und ein verspieltes. Man muß nur wissen, wie man Jungfrauchen aus der Reserve lockt ...

Es mag Ihnen vielleicht zu denken geben, daß Ihr süßer kleiner Spatz so ruhig und so friedlich in seinem Bettchen liegt. Ringsum brüllen sich die anderen Neugeborenen die Seele aus dem Leib – und Ihres liegt einfach nur da, schaut sich die verschwommene Welt an, in die es eben erst katapultiert wurde – und ist zufrieden? Keine Sorge, alles in Ordnung. Spätestens wenn der erste „Stinker" in der Windel landet, werden Sie Ihr Jungfrau-Mondchen kennenlernen: Zwar wird sich auch das Gebrüll im Vergleich zu dem der anderen Säuglinge eher zaghaft und quäkend anhören. Doch schauen Sie sich das Gesichtchen an: knallrot, wütend. Baby ist außer sich: Kann denn niemand dieses nasse Etwas am Popo wegmachen?
Ihr Jungfrau-Mondchen ist äußerst reinlich. Und wählerisch! Sie werden verschiedene Windelmarken oder -arten ausprobieren müssen, um herauszubekommen, welche Windel Ihrem Schatz denn nun das sauberste und trockenste Gefühl rund um den rosigen Po vermittelt.

Immer schön mit der Ruhe!

Der erste große Besucheransturm. Alle, alle sind gekommen, um Ihren Wonneproppen auf der Welt zu begrüßen. Oma, Opa, die beste Freundin halten die Köpfe über das Bettchen: „Eieiei" und „Guckguckguck", „Dadada" und „Süßes Kind". Nehmen Sie Ihr Baby dann „in Schutz". Jungfrau-Mondchen reagieren auf fremde Geräusche, Gesichter und Gerüche äußerst sensibel. Halten Sie es liebevoll im

Arm, wiegen Sie es sanft hin und her. Das wird es beruhigen. „Alleingelassen“ in seinem Bettchen, könnte es in Panik ausbrechen. Sie sicherlich auch – angesichts des aufgeregten kleinen Bündels.
Frust, Ärger und Angst schlagen Jungfrau-Mondchen in aller Regel auf die Verdauung. Übrigens ein Leben lang. Selbst als Erwachsene leiden sie in Streßsituationen überdurchschnittlich häufig unter Durchfallattacken oder Verstopfung.

Die Jungfrau liebt’s spartanisch

Bei vielen baumeln im Kinderzimmer scheppernde und klappernde Figuren über dem Bettchen, bunte, wildgemusterte Tapeten reizen das Auge, in der Ecke muht auf Knopfdruck eine Kuh, eine Puppe ruft „Mama, Mama“, und aus einer Spieluhr ertönt ein monotones Schlaflied. Eindrücke, die kleine Widder- oder Schütze-Mondchen begeistert aufneh-

men. Ihr Jungfrau-Mondchen jedoch kann ganz gut darauf verzichten. Zu viele Reize machen ihm Angst. Viel angenehmer ist für Ihr Baby ein Schmusetier im Bettchen – wenn möglich in sanften Naturfarben. Oder eine Schmusewindel. Natürlich kann auch über dem Jungfrau-Bettchen ein Mobile schaukeln. Doch auch hier sollten Sie darauf achten, daß es nicht in grellen Farben, sondern in zarten Pastelltönen gehalten ist. Zarte Farben, leise Töne kommen dem Naturell Ihres Kindes viel näher.

Rhythmen und Rituale

Irgend jemand hat einmal behauptet, nach Jungfrau-Mondchen könnte man seine Uhr stellen. Er lag damit ganz richtig. Denn Ihrem Spatz ist die Einhaltung „seiner" Rhythmen heilig.
Wenn Sie Ihrem Baby abends immer ein Lied vorgesungen haben, wird es darauf auch in Zukunft nicht verzichten wollen. Haben Sie es vor dem Zubettbringen ein bißchen geschaukelt? Sie werden das einige Jahre lang tun müssen. Morgens haben Sie es mit einem Kuß aus dem Bett geholt? Wenn Sie das einmal in der Eile vergessen, wird es so lange weinen, bis Sie von selbst darauf kommen, was ihm zum Start in den Tag fehlt. Rhythmen und Rituale vermitteln ihm Sicherheit und Geborgenheit. Ihr Kind hat von früh an Methode. Es wird sich beschweren, wenn etwas anders als gewohnt abläuft. Falls sich einmal Ihr Tagesplan ändert, müssen Sie Ihren Schatz sehr behutsam mit der neuen Situation vertraut machen.

Die ersten Schritte

Bevor Jungfrau-Mondchen auf seinen wackeligen Beinchen steht und sich vorsichtig am Bücherregal entlanghangelt, wird es wohl schon einige Worte sprechen können (bezeichnend, daß es am Bücherregal übt). Jungfrau-Mondchen lernen nämlich sehr zeitig und fließend sprechen. So wird es seinen Ärger auch lauthals kundtun, wenn die Beine wieder einmal versagen und es unsanft auf den Po plumpst. Helfen Sie ihm wieder auf. Mit vielen lieben Worten. Lob ist lebenswichtig für die gesunde Entwicklung seines Selbstwertgefühls. Lachen Sie nicht über den „Unfall". Das könnte Ihrem Kind erst einmal den Mut zum nächsten Versuch nehmen. Interessant ist übrigens, daß sich Jungfrau-Mondchen scheinbar länger als andere Kinder mit dem Laufenlernen Zeit lassen. Fast könnte man meinen, daß sie erst der Sprache mächtig sein wollen, ehe sie die Welt auch körperlich entdecken.

Schauspielerische Talente

Selten erwähnt wird übrigens die schauspielerische Begabung dieser Kinder. Wer täglich mit ihnen umgeht, weiß aber sicherlich davon: Nachahmen ist eine Kunst, die die Jungfrau-Mondchen wie keine anderen beherrschen. So kommt es schon mal vor, daß der süße kleine Fratz sein winziges Fingerchen hebt und damit böse herumfuchtelt. Genauso, wie's der Papa tut, wenn Baby sich mal wieder an der Blumenerde zu schaffen gemacht hat. Oder es schaut Sie lange und durchdringend an, die Stirn in tiefe Falten gelegt – wie's die Mama macht, wenn Baby den Spinat nicht essen will. Vorteil dieser Begabung: Jungfrau-Mondchen sind begeistert, wenn sie helfen können. Im Haushalt, beim Putzen, beim Staubsaugen, beim Staubwischen. Jede Wette: Machen Sie eine Arbeit vor – Jungfrau-Mondchen wird sein Bestes geben, um Sie exakt zu kopieren. Und seinen größten Spaß haben, wenn Sie es für sein Können loben.

Ihr Jungfrau-Mondchen – ein Wunderkind?

Nicht doch. Natürlich haben Sie nach dem bisher Gelesenen sicherlich den Eindruck, ein Muster an Vollkommenheit großzuziehen? Nun, dann warten Sie mal ab, was geschieht, wenn Sie ihm ein T-Shirt anziehen wollen, in dem eine Falte ist. Oder wenn der kleine Cousin ein Spielzeug ablutscht. Ihr Jungfrau-Mondchen kann furchtbar pedantisch sein. Kann Sie damit zur Weißglut bringen. Besonders während der Trotzphase. Es wird weniger Geschrei machen, weil es etwas nicht bekommt. Nein. Jungfrau-Mondchen wird hysterisch, wenn man seine Gewohnheiten oder Vorlieben mißachtet!
Zum Glück geht aber auch bei Jungfrau-Mondchen die Trotzphase vorbei. Schneller als bei anderen sogar, weil sie im Grunde sehr vernünftig und in jedem Alter reifer als andere Kinder sind. Im Kindergarten wird es die anderen beobachten und sich vielleicht über deren Babysprache lustig machen. Doch wenn eines der „Babys“ ungerecht behandelt

wird, vergißt Ihr Schatz all seine Zurückhaltung und hält dem Ungerechten eine Moralpredigt. Sie haben richtig gelesen: eine Moralpredigt. Recht und Unrecht – mit diesem Wissen wird Ihr Kind geboren. Instinktiv spürt es, was richtig und was falsch ist. Nichts ärgert es mehr als Feigheit, Übervorteilung und Ungerechtigkeit.

In der Schule gehören Jungfrau-Mondchen zu den erklärten Lieblingen der Lehrer. Sie sind folgsam, fleißig und niemals aufmüpfig. Jungfrauen lernen einfach gerne. Ihr Kind will und braucht eine gute und gründliche Ausbildung. Denn das Gefühl, weniger zu wissen als andere, macht Ihr Kind zu einem reizbaren, introvertierten Erwachsenen, der unter seiner „Unzulänglichkeit“ und „Unwissenheit“ leidet. Doch Vorsicht: Häufige Kritik (wegen unterlaufener Fehler zum Beispiel) trifft Ihr Jungfrau-Mondchen äußerst empfindlich. Bei einem Jungfrau-Mondchen reicht es, einmal auf den Fehler hinzuweisen. Tatsache: Ein zweites Mal wird er ihm nicht

unterlaufen. Vorhaltungen (weil es „nur“ eine Zwei und keine Eins geschafft hat) können dem sonst so lernbegeisterten Jungfrau-Mondchen sogar jeden Spaß nehmen. Pflichtbewußt, wie es ist, wird es nebenbei gerne Aufgaben rund um den Klassenalltag übernehmen. Viele Kinder dieses Zeichens werden – für viele völlig überraschend – Klassensprecher und später gar Schulsprecher. Warum? Weil sie absolut unbestechlich sind und sich beherzt für ihre Mitschüler einsetzen.

Spiel und Sport – aber bitte mit Logik!

Beginnen Sie schon früh, Ihrem Kind Märchen, Geschichten und Kinderreime vorzulesen oder zu erzählen. Es wird alles begeistert in sich „hineinfressen“. Achten Sie aber darauf, daß die Geschichten logisch sind. Jungfrau-Mondchen sind Mini-Realisten, denen sofort auffällt, wenn eine Geschichte

nicht Hand und Fuß hat. Wichtig ist auch gutes Lernspielzeug. Farbspiele, Buchstabenspiele, Puzzles und Memory regen es an.
Wenn Sie es sportlich fördern möchten, dann wählen Sie am besten eine Mannschaftssportart. Fußball gefällt zwar den meisten kleinen Jungs – Ihrem Jungfrau-Mondchen liegt das sanftere Handball aber sicher besser. In der Gruppe fühlt sich auch Ihr Jungfrau-Mond-Mädchen wohler. Eine Kindergymnastikgruppe ist genau das Richtige. Oder eine Tanzgruppe.

Jungfrauchens Erziehung

Manche Jungfau-Mondchen-Eltern beklagen sich über das zurückhaltende, „unterkühlte" Wesen ihres Kindes. Sie leiden darunter, daß ihr Kind nur ganz selten zum Kuscheln kommt, auf dem Schoß sitzen oder schmusen will. Dabei sehnt sich das Jungfrau-Mondchen gerade danach. Und nach Anerkennung. Nehmen Sie deshalb jede Gelegenheit wahr, um Ihrem Kind körperliche Nähe zu vermitteln. Nehmen Sie es oft liebevoll in den Arm (besonders abends). Streicheln Sie es im Vorbeigehen über den Kopf, beim Spielen, beim Hausaufgabenmachen. Loben Sie es. Immer wieder. Sagen Sie ihm, wie hübsch es ist. Selbst die süßesten und gescheitesten Jungfrau-Mondchen müssen nämlich davon überzeugt werden, daß sie mit ihrer scheuen und zurückhaltenden Art mindestens genauso reizvoll sind wie die temperamentvollen Löwe- oder Zwillinge-Monde.

Das Waage-Mondchen

Entscheiden ist soooo schwer!

„Nein, wie süß!“ Kennen Sie diesen Spruch? Klar, als Eltern eines Waage-Mondchens ganz bestimmt. Daß nur Sie wissen, welch ein Teufelchen in Ihrem Wonneproppen steckt, ist Ihr Geheimnis. Und daß es noch einige mehr gibt, entdecken Sie auf den folgenden Seiten!

Sie haben ein paar dringende Behördengänge zu erledigen. Ihre beste Freundin hat sich bereit erklärt, zwei Stunden auf Ihr entzückendes Waage-Mondchen aufzupassen. Sie kommt und schlägt dem süßen Fratz vor, auf den nahegelegenen Spielplatz zu gehen. Ihr Kind überlegt. Dann sagt es: „Ich will aber mit Mami gehen!" Sie erklären Ihrem Schatz, daß es ihm auf dem Amt furchtbar langweilig werden würde. Ihr Waage-Mondchen läuft zu Ihrer Freundin, gibt ihr bereitwillig die Hand und trottet ein paar Schritte mit. Dann dreht es sich um, die Stirn liegt in tiefen Grübelfalten. „Ich glaube, auf dem Amt wird es mir nicht langweilig!" Es reißt sich los und rennt zu Ihnen zurück. „Gut, mein Schatz", sagen Sie geduldig, „dann kommst du eben mit mir!" Ihr Kind steht unschlüssig zwischen Ihnen beiden. Es rennt wieder zur Freundin und sagt: „Vielleicht ist mein Freund Adrian auf dem Spielplatz?" Die Freundin und Ihr Waage-Mondchen gehen ein paar Schritte. Plötzlich reißt sich Ihr unentschlossenes Waage-Mondchen wieder los. Nach

etwa einer halben Stunde fallen Sie völlig entnervt auf den Autositz. Im Kindersitz hinter Ihnen thront Ihr Schatz, neben Ihnen die Freundin. Waage-Mondchen hat es geschafft: Sie fahren gemeinsam zum Amt. Die Freundin wird draußen mit ihm spielen, während Sie drinnen alles erledigen. Und danach gehen alle zusammen ein schönes Eis essen!

Einmal hü, einmal hott

Was sagt Ihnen diese kleine Geschichte? Gleich dreierlei: Zum einen, daß sich Ihr Spatz mit Entscheidungen furchtbar schwertut. Zum anderen, daß er schon in jungen Jahren diplomatische Fähigkeiten hat. Und schließlich: Am Ende ist in aller Regel er der Sieger!

Everybody's darling

„So ein süßes Baby!" Und: „Einfach entzückend!" Klar, Ihr Waage-Mondchen ist die Attraktion auf der Säuglingsstation. Alle sind begeistert. Kaum ein anderes Mondzeichen kommt mit derart ausgeglichenen, schönen Gesichtszügen auf die Welt. Mit einem solch sonnigen Gemüt. Und mit einer derart wonnigen Ausstrahlung. Wenn es an der Brust nuckelt, kuschelt es sich eng an die Mama, die Fingerchen liegen weit ausgestreckt auf der warmen Haut, und mit seinem noch verschwommenen Blick himmelt es die Mama an. Schauen Sie bei dieser Gelegenheit doch einmal nach, ob es vielleicht ein winziges Grübchen am Kinn hat. Hat es? Dann will

ich Ihnen ein Sprüchlein verraten, das meine Kollegin Linda Goodman einmal im Zusammenhang mit den kleinen Waage-Wesen geschrieben hat: „Grübchen am Kinn – Teufel drin!"
Ihr Kind wird Ihre Geduld mit seinem ständigen Abwägen auf eine schwere Probe stellen. Immer wieder. Soll ich? Soll ich nicht? Oder doch? Oder doch nicht? Nun, stellen Sie sich einmal eine ganz normale, althergebrachte Gemüsewaage vor. So eine mit zwei Waagschalen. Es dauert eine ganze Weile, ehe die beiden im Lot sind. Mal hängt die eine oben und die andere unten, dann wieder umgekehrt. Tragen Sie dieses Beispiel in Ihrem Herzen, wenn sich Ihr Wonne-Waage-Mondchen das nächste Mal wieder nicht entscheiden kann, ob es sein Fläschchen im Liegen oder doch eher im Sitzen trinken möchte. Warum verhalten sich diese Kinder so? Vor allem, weil sie gerecht sein wollen! Und aus der Angst heraus, etwas falsch zu machen. Ein typisches Waage-Mondchen sucht immer den Ausgleich. Es findet tausend Für und Wider und tut sich wirklich schwer damit. Helfen Sie ihm deshalb bei seinen Entscheidungen. Nehmen Sie Ihr Kind, setzen Sie sich auf seinen Lieblingssessel, und sagen Sie ihm liebevoll, aber mit Nachdruck: „Am allerbesten schmeckt das Fläschchen im Liegen auf Mamas Schoß. Und weil es für mich bequemer ist, setze ich mich auf diesen Sessel." Waage-Mondchen brauchen Argumente, um eine Entscheidung zu akzeptieren. Völlig falsch wäre es, dieses empfindsame Wesen ohne Worte auf den Schoß zu hieven und ihm das Fläschchen in den Mund zu stecken.

Etwas Ruhe braucht der Mensch!

Und Waage-Mondchen mehr als andere. Sie sind zwar überaus aktive kleine Persönchen, doch nach Anstrengungen müssen sie sich ausruhen. Von kleinauf schaffen es Waage-Mondchen, in einen erquickenden Sekundenschlaf zu fallen. Und dann bitte: Keine lauten Geräusche! Waage-Mondchen sind äußerst schreckhaft. Sorgen Sie im Kinderzimmer für helle, freundliche und niemals grelle Farben. Pastelltöne liegen den kleinen Waagen am meisten. Rosarot und Himmelblau, Mimosengrün oder ein freundliches, helles Gelb. Mozarts „Kleine Nachtmusik" gefällt ihnen als Einschlafhilfe. Aber auch sanfte Pianoklänge (vom Band).

Tripp, trapp – jetzt kann ich laufen!

Wie gesagt: Ihr kleiner Engel ist überaus aktiv und neugierig. Alles wird genauestens untersucht, gedreht, gewendet, abgelutscht und wieder herausgespuckt. Weiches Spielzeug gefällt ihm von Natur aus besser als harte Klötzchen oder Figuren. Waage-Mondchen wird sich recht bald auf den Bauch drehen, den Popo heben und entdecken, daß man auf den Knien laufen kann. Und wie schnell saust es plötzlich durch die Wohnung! Es entdeckt auch die letzten Winkel. Oft nur wenige Wochen später kommt der Tag, an dem es sich an seinem Laufstallgitter hochzieht. Beifall für den Schatz! Jetzt geht das Leben richtig los: Auf seinen stämmigen Beinchen und mit ausgestreckten Armen zum Ausbalancieren (Waage-typisch!) unternimmt er seine ersten Schritte in dieser Wunderwelt. Überfordern Sie ihn aber nicht. Wenn Sie auf dem Spaziergang bemerken, daß er müde wird, setzen Sie ihn lieber gleich in den Buggy zurück. Dort wird er neue Energien sammeln und schon bald wieder laufen wollen. Vielleicht fällt Ihnen ja auch auf, daß Ihr kleiner Liebling im Gegensatz zu anderen Kindern eher tänzelt denn geht? Falls ja, dann erkundigen Sie sich am besten gleich nach einer Kinderballettschule in der Nähe. Waage-Mondchen sind begnadete Tänzer – Jungs wie Mädels!

Und noch mehr Talente!

Nämlich Malen und Musik. Lassen Sie diese Talente nicht verkümmern. Waagen sind große Ästheten. Sie haben ein Gespür und ein tolles Gehör für klassische Musik und einen ausgeprägten Sinn für Farben. Beides kann Ihrem Waage-Mondchen als Entspannungsmethode dienen, wenn es sich draußen verausgabt hat und nun Zeit braucht, um sich wieder zu sammeln.

Wenn es die Schönheit nicht gäbe, dann würde sie Ihr Waage-Mondchen erfinden! Sicherlich kommen Sie eines Tages ins Badezimmer und entdecken Ihr Waage-Mond-Mädchen auf einem Hocker vor dem Spiegel stehen. Auf den Augenlidern leuchtet Ihr blauer Lidschatten, auf den Wangen zartroséfarbenes Rouge. Die Lippen schimmern perlmuttfarben. Gekonntes Make-up. Und dabei ist Ihre Kleine doch erst drei!? Und falls Sie einen Waage-Mond-Jungen haben? Der wird sich in Papas schönstes Hemd hüllen und sich das teuerste Eau de Toilette übers Lockenhaar kippen. Fertig ist der kleine Kavalier! Schön sein – das ist für kleine Waagen das A und O. Versuchen Sie bloß nicht, Ihrem Dreikäsehoch zum Spielen in der Sandkiste ein T-Shirt anzuziehen, auf dem sich ein Klecks vom gestrigen Mittagessen befindet. Igittigitt, Mama! Waage-Mondchen will hübsch sein – sogar beim Spielen.

Das Sonnenscheinchen

Wie kein anderes Zeichen verstehen es die Waage-Mondchen, die Herzen anderer zu erweichen. Wenn sie lachen, geht die Sonne auf. Sie haben eine solch bezaubernde Art, daß sie jeden (wirklich jeden!) um die kleinen Fingerchen wickeln können. Ohne große Mühe – absolut natürlich. Und immer freundlich. Sie selbst wissen es ja längst: Ihr Waage-Mondchen ist der erklärte Liebling der Familie. Und deshalb auch ganz schön verwöhnt. Bekommt es nicht, was es möchte, wird es (wie alle Kinder) zwischen seinem zweiten und vierten Lebensjahr – wie ich es nenne – „diplomatisch trotzen". Wie das geht? Es wird erst bitten, dann schluchzen. Schließlich liegt Waage-Mondchen jammernd auf dem Sofa oder auf dem Boden vor Ihnen. Es wird lange dauern, ehe es kreischt oder hysterisch brüllt. Hochrot wird es dabei selten werden. Schließlich ist man auch beim Trotzen gerne hübsch. Bekommt es das Objekt seiner Begierde immer noch nicht, wird es Ihnen vermutlich mit Liebesentzug drohen. Werden Sie dann bloß nicht weich. Erklären Sie ihm, warum es jetzt nicht gut ist, das oder jenes zu haben. Wenn es Ihre Erklärung nicht akzeptiert, versuchen Sie es mit Ignoranz.

In der Schule: Fragen über Fragen!

In der Schule wird Ihr Kind vor allem durch seine vielen, vielen Fragen Aufsehen erregen. Warum ist das so – und nicht anders?
Einem Waage-Mondchen kann man nicht einfach mit einer Behauptung kommen. Man muß immer erklären, warum etwas so ist. Hintergrundwissen spielt für Waagen eine große Rolle. Wenn nicht gar die Hauptrolle. Haben sie Lehrer, die ihnen dieses vermitteln, sind Waagen exzellente und auch zufriedene Schüler. Sie denken trotz der künstlerischen Ader glasklar und logisch.

Sport gehört dazu. Aber welcher?

Waage-Mondchen fühlen, denken und handeln gerecht. Sie haben ein großes Herz, wenn es darum geht, Benachteiligten zu helfen. Falls Ihr Kind einen Mannschaftssport treiben möchte, wird es recht bald zum Mannschaftskapitän aufsteigen. Nicht, weil es so sportlich oder so motivierend wäre. Nein, weil es sich hingebungsvoll um seine Kameraden und deren Anliegen kümmert. Ideale Sportarten sind außerdem Bodenturnen, Eiskunstlauf und Geräteturnen. Wichtig bei der Wahl: daß der Sport ästhetisch ist und einen guten Körperausdruck voraussetzt.

Die Erziehung – ein Kinderspiel?

Es ist ziemlich leicht, ein Waage-Mondchen zu erziehen. Mit seinem herzerfrischenden, freundlichen und gewinnenden Wesen läßt es sich leicht führen – sofern man es in frühesten Kindertagen nicht zu sehr verhätschelt und auf ein Mindestmaß an Disziplin geachtet hat. Waage-Mondchen sind sauber und ordentlich, sie lieben es behaglich und gemütlich. Eine kühle Atmosphäre kann für das sensible Waage-Kind eine Folter sein. Waage-Mondchen werden wie alle Kinder gerne gelobt – doch für sie bedeutet das Lob noch ein bißchen mehr. Weil sie im Grunde ihres Herzens eher unsicher sind (denken Sie an die Waagschalen, die auf und ab wippen), ist Lob das beste Fundament für ein ausgeprägtes Selbstbewußtsein. Waagen lieben es, mit den Eltern oder Geschwistern zu singen und zu tanzen, Musik zu hören oder auf dem Schoß ein Buch zu lesen.

Das Skorpion-Mondchen

Rauhe Schale – weicher Kern!

Es kann Ihnen mit seinen herrlichen Augen bis in die Seele gucken. Deshalb bleibt ihm auch nichts verborgen. Gleichzeitig gibt es aber recht wenig von sich selbst preis. Kaum jemand ahnt etwas von den intensiven Gefühlen, die in einem Skorpion-Mondchen brodeln.

Na, sowas: Wo ist denn nur Ihre schöne goldene Haarspange geblieben? Sie suchen das ganze Bad ab, Ihren Toilettentisch. Das Schlafzimmer, die Küche, das Eßzimmer, das Wohnzimmer. Und Sie schauen alle Schränke durch, alle Bücherregale. Irgendwo muß die Spange doch sein!? Schließlich fällt Ihr Blick auf Ihr Skorpion-Mondchen. Das sitzt pumperlvergnügt auf dem Teppichboden und schaut Ihnen begeistert zu. Mama macht ein tolles Spiel. Und nicht zum ersten Mal. Einfach klasse! Sie haben einen Blitzgedanken: „Wo ist Mamas Haarspange?" säuseln Sie dem Dreikäsehoch ins Ohr. „Na, weißt du, wo Mamas Haarspange ist?" Der Schatz setzt sich in Bewegung und krabbelt zum großen Sofa. Er legt sich platt davor und schaut mit glänzenden Augen darunter. Sie legen sich dazu – und trauen den Ihren nicht: Da liegt die Spange. Daneben Ihr Armband. Und Vaters beste Krawatte. Ein Topfdeckel und ein Kochlöffel. Ein Schnuller, eine Rassel und schließlich noch ein Ohrclip. Sie haben eben viel mehr entdeckt als etwa nur all die Dinge, die Sie in letzter Zeit vermißt haben: nämlich Skorpion-Mondchens heimliche Schatztruhe!

Die kleinen Skorpion-Wesen lieben Heimlichkeiten. Ich glaube, es gibt kein Skorpion-Mondchen, das nicht irgendwo ein Plätzchen, ein Köfferchen, eine Schachtel hat, wo es all die Dinge sammelt, die ihm gefallen.

Wenn Sie Ihr Baby das erste Mal im Arm halten, wird Ihnen etwas auffallen: Es sieht irgendwie anders aus als die anderen Babys, die Sie kennen. Reifer, entwickelter. Viele Skorpion-Mondchen kom-

men mit einem sehr ausgeprägten Gesicht auf die Welt. Und mit einem sehr entschlossenen Gesichtsausdruck. Machen Sie Fotos von Ihrem Schatz. Wenn Sie die Fotos in zwanzig oder fünfundzwanzig Jahren wieder anschauen, werden Sie verblüfft sein: Nach all den verschiedenen Entwicklungsstufen hat er als Erwachsener plötzlich wieder das gleiche ausgeprägte Gesicht.
Ein weiteres Merkmal Ihres Skorpion-Mondchens: seine tiefgründigen Augen. Selbst in seinen allerersten Lebenstagen werden Sie oft den Eindruck haben, daß es Ihnen bis in die letzten Abgründe Ihrer Seele schaut. Später, wenn es größer ist, wird es mit Ihnen im Bus sitzen und wildfremde Leute anblicken. Die werden dann nervös auf ihren Sitzen hin- und herrutschen. Skorpion-Blicke sind immer hypnotisch und verwirrend, das ist ein Ausdruck innerer Stärke.

Der kleine Forscher

Die meisten Kinder haben Angst vor Dunkelheit. Nicht so Ihr Skorpion-Mondchen! Sobald es krabbeln kann, wird es die dunklen Ecken in Ihrer Wohnung besuchen und erkunden. Vielleicht klettert es in Ihren Kleiderschrank. Vielleicht unter die Spüle. Sie werden viel Zeit damit zubringen, den so oft verschwundenen kleinen Abenteurer zu suchen. Und deshalb liebt er auch das bekannte Spiel „Guckguck? Da!". Nehmen Sie dafür eine große Decke, die Sie über Ihr Kind legen, und fragen Sie dann verdutzt: „Ja, wo ist denn mein Schatz?" Kaum ein Skorpion-Mondchen, das dieses Spiel nicht stundenlang spielen will.
Neben seinem ausgeprägten Forscherdrang steckt in jedem Skorpion-Mondchen auch ein großer „Detektiv". Das birgt allerdings auch Gefahren: Ihr Schatz wird mit seinem klaren und scharfen Verstand sofort erfassen, welche Dinge Sie ihm vorenthalten. Feuer zum Beispiel. Oder Medikamente. Putzmittel oder Messer. Davon sind Skorpion-Mondchen fasziniert. Sie werden alles daransetzen, hinter das Geheimnis dieser Dinge zu kommen. Falls nicht schon vorhanden, kaufen Sie sich einen abschließbaren Medikamentenschrank, der in unerreichbarer Höhe hängt.

Mamas Liebling

Neben seinem Tatendurst und seinem enormen Forscherdrang hat Ihr Spatz aber auch einen großen

Bedarf an Ruhe. Ich denke hierbei weniger an Schlaf, sondern an Zeiten, in denen er sich „aus dem Geschehen" zurückziehen kann. Bücher bieten eine ideale Möglichkeit dafür. Denken Sie beim Kauf aber an Skorpion-Mondchens Vorliebe fürs Forschen und Aufspüren. Aufklapp-Kinderbücher gefallen ihm tausendmal besser als die herkömmlichen Bilderbücher. Skorpione wollen alles wissen, wollen „hinter die Kulissen" schauen.

Schmerz, Trauer oder Wut behalten Skorpion-Mondchen oft für sich. Wenn es sich verletzt fühlt, weint es selten dicke Tränen. Es wird sich eher in sein Zimmer oder in eine dunkle Ecke zurückziehen und friedlich weiterspielen. Doch es vergißt nicht. Das sollten Sie sich merken: Ein Skorpion-Mond vergißt nie! Falls es mal Streit in der Familie gibt, dann sollte dieser, wenn irgendwie möglich, nicht vor den Augen und den Ohren des Kindes ausgetragen werden.

Ihr Schatz trägt ein Zeichen, das prädestiniert ist für schlimme Alpträume – hervorgerufen durch Nervosität, Zwietracht oder Auseinandersetzungen. Leidenschaftlich, wie er ist, wird er sich in den Gedanken hineinsteigern, der Schuldige zu sein. Reden Sie deshalb oft mit Ihrem Kind. Erklären Sie ihm Ihre Gefühle. Bitten Sie um sein Verständnis, wenn Sie mal nervös oder fahrig sind. Ihr Schatz wird Sie verstehen. Egal, wie klein oder groß das Skorpion-Kind ist: Reife ist etwas, das Skorpion-Mondchen von Anfang an in sich tragen.

Seine Vorliebe: alles erforschen

Schon sehr früh werden Sie bei Ihrem Kind eine unglaubliche Neugier feststellen, die sich vor allem auf naturwissenschaftliche Dinge konzentriert. „Mama, was ist Donner?“ wird noch eine der leichtesten Fragen sein, die Ihnen Ihr Sprößling im Lauf seiner Lehrjahre stellt. Am besten, Sie laufen gleich los und kaufen sich das ausführlichste und erschöpfendste Lexikon, das Sie finden können. Und viele kindgerechte Wissensbücher, die Sie Ihrem Purzel schenken. Unterstützen Sie seinen Wissensdurst. Doch seien Sie sich über eines im klaren: Stillen werden Sie ihn nie können. Und das ist ganz gut so. Unter den Skorpion-Monden findet man die besten Forscher und Wissenschaftler, Psychologen und Therapeuten. Sie sind zeitlebens Suchende. Ziel der Suche: der Sinn des Daseins.

In der Schule: Klein-Einstein

Auch in der Schule wird sich Ihr Skorpion-Mond-Junge oder -Mädchen durch enormen Wissensdurst hervortun. Die Lehrer werden begeistert sein, denn es gibt außer Sprachen vermutlich kein Fach, das Ihr Kind nicht interessiert. Mathematische, physikalische oder chemische Formeln? Kein Problem für seinen wachen Verstand. Es wird sie nicht auswendig lernen wie viele andere, sondern gedanklich und logisch nachvollziehen können! Biologie, Geographie, Geschichte? Höchst interessant! Schwertun wird sich Ihr Skorpion-Mondchen allerdings mit der schulischen Disziplin. Und mit der Autorität des Lehrers oder der Lehrerin. Auch hier gilt die Devise: Nur wenn Ihr Kind den Pädagogen als Mensch und Lehrer respektiert, wird es die Anweisungen befolgen. Immerhin weiß Ihr Schatz aber vom ersten Schultag an: Er lernt für sich selbst und nicht für den Lehrer!

Skorpion-Mondchens Innenleben

Manche bezeichnen Skorpion-Mondchen als Eigenbrötler, als Einsiedler oder als introvertierte Menschen. Das stimmt in gewisser Weise. In Ihrem Schatz brodeln sehr viel mehr und heißere Gefühle, als Sie sich vielleicht vorstellen. Weil er instinktiv spürt, daß andere anders sind, bemüht er sich von kleinauf, diese Gefühle und Leidenschaften zu unterdrücken. Sicherlich hören Sie von Freunden und Bekannten oft, was für ein ruhiges Kind Sie doch haben? Haben Sie? Nein, Sie wissen es besser. Denn manchmal läßt Ihr Spatz etwas von seinem Inneren heraus. Und dann kann man (falls er wütend ist) nur in Deckung gehen oder staunen über die Intensität des völlig überraschenden Gefühlsausbruchs. Es ist Ihre Aufgabe, für seine heftigen Gefühle ein geeignetes Ventil zu finden. Sport ist sicherlich die beste Methode, um kindliche Aggressionen, die logisch oft gar nicht nachvollziehbar sind, abzubauen. Außerdem steckt in Ihrem Skorpion-Mondchen genügend Power für zwei, was von sich aus nach zielgerichteter Bewegung ruft. Wählen Sie die Sportart aber nicht nach eigenem Empfinden aus. Lassen Sie Ihr Kind entscheiden, welchen Sport es treiben möchte. Schnell sollte er sein, viel Bewegung mit sich bringen. Wie wäre es mit Tennis, Volleyball oder Laufen? Später wird Ihr Mond-Kind vielleicht im Marathon die eigenen Grenzen suchen. Oder im Free-Climbing. Seien Sie sicher: Als Jugendlicher, spätestens als Erwachsener wird es sich für einen Sport begeistern, der ziemlich außergewöhnlich und vermutlich auch mit einem gewissen Nervenkitzel verbunden ist.

Gänsehaut gefragt

Ganz begeistert sind Skorpion-Mondchen von Gespenstergeschichten, Gruselabenteuern und Detektivgeschichten. Wählen Sie die entsprechenden Bücher aber bitte mit großer Vorsicht aus. Wie gesagt: Skorpion-Mondchen neigen zu Alpträumen. Jeder Schatten wird zum Monster, jedes Türe- oder Lädenklappern zur ernsten Bedrohung. Überfordern Sie Ihr Kind nicht mit Fernsehen. Lassen Sie es nicht alleine schauen. Auch nicht die harmlosesten Sendungen wie zum Beispiel Sesamstraße oder Kapitän Blaubär. Mit seiner herausragenden Phantasie wird das Skorpionchen sehr viel mehr in die Geschichten hineindeuteln, als tatsächlich gezeigt wird.

Die Erziehung: hart, aber herzlich

Ähnlich wie beim Widder-Mondchen ist auch die Erziehung eines Skorpion-Mondchens eine Gratwanderung zwischen „hart" und „herzlich". Führen Sie Ihren Wonneproppen von früh an behutsam, aber mit starker Hand. Er hat eine ausgeprägte Persönlichkeit und kann sehr bockig werden, wenn man im Kleinkindalter zu nachgiebig ist. Skorpionchen wird versuchen, die Führung zu übernehmen. Mehr als einmal werden Sie darüber schmunzeln, wie gekonnt es die Mama gegen den Papa auszuspielen versucht. Disziplin ist dem Skorpion-Mondchen wichtig. Nur dadurch lernt es, sich zu beherrschen und den weichen, aber ebenso heißblütigen Kern unter Kontrolle zu halten. Wenn Sie Ihr Kind verletzt oder ein striktes Verbot aufgestellt haben (Messer, Schere, Gabel, Licht...!), erwartet es eine Erklärung. Eine ehrliche.

Nochmal ein paar Worte zum Thema Liebe, Nähe, Zärtlichkeit. Ihr Skorpionchen trägt eine gewisse Reife vor sich her. Manche Eltern machen deshalb den Fehler, in dem Kind einen kleinen Erwachsenen zu sehen. Ihr Spatz sehnt sich vielleicht mehr als alle anderen nach Ihrer Nähe, nach kindlichem Herumtollen, zärtlichen Raufereien. Es braucht seine täglichen Streicheleinheiten. Sowohl verbal wie auch körperlich. Seien Sie nicht traurig, wenn es auf Ihr Guten-Morgen-Bussi kaum reagiert. Es kommt der Tag, an dem sich Ihr Schatz an Sie kuschelt und Ihnen sein allergrößtes und bestgehütetes Geheimnis anvertraut: „Ich hab' dich soooo lieb!"

Das Schütze-Mondchen

Der Sonne entgegen …

Seine Wißbegierde kennt keine Grenzen. Es weckt Sie morgens mit seiner ersten Frage - und schläft abends mit der letzten auf den Lippen ein. Schütze-Mondchen suchen nach Weisheit. Ihre wird schon recht bald folgende sein: „Ich weiß, daß ich nichts weiß!“

Es war ein wunderschöner, warmer Frühsommervormittag. Auf dem Wochenmarkt hatte ich Begonien gekauft und war nun dabei, sie in unsere Blumenkästen umzupflanzen. Mein Schütze-Mondchen, damals zweieinhalb, war begeistert mit von der Partie. „Mama“, sagte es nach einer Weile nachdenklich, „woraus sind Blumen?“ Ich habe dann ziemlich lange und ziemlich angestrengt nachgedacht. Schließlich erzählte ich ihm vom Blattgrün, vom Wasser, von „Farbkügelchen“ in den Blütenblättern. Ich war gewarnt. Denn ich wußte: Mit dem Tag, an dem ein Schütze-Mondchen seine erste Wissensfrage stellt, beginnt eine neue Ära. Nach dem Umtopfen fuhr ich nochmal in die Stadt. In der Buchhandlung kaufte ich mir ein Nachschlagewerk. Inzwischen sind knapp vier Monate vergangen. Mein Schütze-Mondchen wird demnächst drei. Und ich habe mittlerweile die wohl umfangreichste Bibliothek für die heimische Flora und Fauna. „Wie heißt diese Blume?“, „Was ist das für ein Baum?“, „Kann man diese Pflanze essen?“, „Ist dieser Pilz giftig?“, „Beißt die grüne Spinne in meinem Kinderzimmer?“, „Was für ein Schmetterling kommt aus dieser Raupe?“ Sie brauchen (wie ich) in den nächsten Jahren sicherlich keinen Roman und keinen Krimi mehr. Denn es gibt nichts Spannenderes, als mit einem Schütze-Mondchen auf Entdeckungstour zu gehen.

Wie beim Zwillinge-Mondchen kennt die Wißbegierde des Schütze-Mondchens keine Grenzen. Sobald es sich artikulieren kann (was sehr früh der Fall sein wird!), weckt es Sie morgens mit einer Frage.

Und abends, wenn Sie es ins Bett legen, wird es mit einer Frage auf den Lippen einschlafen.

Der erste Schrei. Und dann?

Es gibt Leute, die behaupten, Schütze-Babys kämen mit einem Lächeln auf dem Gesicht zur Welt. Und auch der erste Schrei soll zwar ziemlich laut sein, aber eher an ein Lachen als an ein Weinen erinnern. Tatsächlich meinte auch ich, bei meinem Schütze-Mondchen ein feines, na, sagen wir mal Grinsen um die Mundwinkel entdeckt zu haben. Es wird auch Sie ein Leben lang begleiten. Denn Schütze-Mondchen sind die geborenen Optimisten. Die Clowns der Familie. Aber mit einem gewissen Tiefgang.

Auf den Säuglingsstationen ist man jedenfalls begeistert von diesen kleinen Frohnaturen. Bösartiges Gebrüll? Das gibt es kaum bei diesen Minis. Es sei denn, man kommt dem Wunsch nach Nahrung nicht umgehend nach. Da kennen diese Temperamentsbündel kein Pardon. Und keine Geduld. Essen ist eine Existenzfrage.

Nach sechs, sieben Wochen, wenn Ihr kleiner Schatz Sie das erste Mal bewußt anlacht, werden Sie vermutlich zu Tränen gerührt sein. Schütze-Mondchen lachen nicht nur mit den Augen und dem Mund – sie lachen mit dem Herzen! Wohin man mit ihnen auch geht, wen man besucht oder wo man auch einkauft: Ein Schütze-Mondchen beeindruckt sofort durch seinen natürlichen und überaus herzlichen Charme. Jeder, der ihm begegnet, spürt die Seelenwärme und den Optimismus.

Ihn will ich besonders erwähnen, den gesegneten Appetit der Schütze-Mondchen. Sie sind nicht wählerisch, wenn es ums Essen geht. Im Gegenteil. Sie lieben es zu experimentieren. Dem Brust- oder Flaschenalter entwachsen, wird Ihr Schütze-Sprößling nicht mehr zu bremsen sein: Bratkartoffeln, Spinat, Spaghetti, Knoblauchsauce, Scampi – nichts, was Schütze-Mondchen nicht schmeckt. Und: Hauptsache, es gibt reichlich davon!
Ein Tip: Halten Sie Maß in Sachen Süßigkeiten. Verbieten Sie Süßes nicht generell, sonst wird sich Ihr Schatz heimlich bedienen. Erlauben Sie ihm ruhig ein bißchen Schokolade oder ein Stückchen Würfelzucker am Tag. Sein kleiner aktiver Körper braucht diese „Nervennahrung". Versuchen Sie aber, seinen Zuckerbedarf vor allem über Früchte zu decken.

Dabeisein ist alles!

Schütze-Mondchen brauchen viel Schlaf. Das wissen Sie jetzt. Aber weiß das auch Ihr Spatz? Vermutlich ahnt er es. Aber da gibt es eben diese faszinierende Wunderwelt, die man entdecken möchte. „Schlafen? Da verpasse ich doch alles!" So entwickeln sich zwischen Schütze-Mondchen und ihren Eltern oft regelrechte Kämpfe, ehe die Augen endlich zufallen. Ein Trick, der fast immer funktioniert: Legen Sie Ihr Baby nicht in dem stillen, abgeschiedenen Kinderzimmer schlafen. Breiten Sie lieber eine Kuscheldecke in dem Zimmer aus, in dem Sie und der Rest der Familie sich abends aufhalten. Mit den vertrauten Stimmen im Ohr wird es leichter und zufriedener einschlafen. Dabeisein ist eben alles.

Eins, zwei, drei – und los!

Schütze-Mondchen braucht man nicht zum Krabbeln animieren. Der Schütze ist als Reisezeichen bekannt – und das werden Sie als Eltern natürlich sehr bald erfahren. Ich nehme an, Schütze-Mondchen wissen vom ersten Tag an, wozu die Knie und dann die Füße da sind. Als Säuglinge strampeln und zappeln sie mehr als alle anderen Babys. So, als wollten sie die Muskeln für das frühe Krabbeln und Laufen trainieren. Es ist eine Eigenart dieses Zeichens, daß die Kinder lieber auf dem Schoß der Mutter stehen als sitzen. Sie üben eben.

Baby spricht – von nun an ständig!

Die Zwillinge haben die Sprache „erfunden", um ihr Wissen weiterzugeben. Schütze-Mondchen wenden sie an, um zu fragen. Falls Ihr Kind schon ein bißchen älter ist, kennen Sie das: Sie nehmen den Spatz mit zum Einkaufen. Er thront in seinem Buggy (typische „Angriffshaltung": die Hände halten sich an dem Sicherheitsbügel fest, der Oberkörper ist nach vorn gebeugt!) und bombardiert Sie mit Fragen. Nonstop. „Wer ist das?" hören Sie wohl am häufigsten. Gemeint ist damit jeder, der Ihnen entgegenkommt. Mann, Frau, Kind. „Wer wohnt hier?" Gemeint ist jedesmal ein anderes Haus, an dem Sie vorbeilaufen. Baby deutet auf ein Straßenschild:

„Was sagen diese Buchstaben?“ Im Supermarkt verraten Sie ihm den Inhalt einer jeden Packung, die es entdeckt. In der Metzgerei den Namen einer jeden Wurstsorte. In der Bäckerei kann es sich nicht zwischen einer Salz- und einer Sesambrezel entscheiden. Und in der Reinigung will es genau wissen, was denn hier so komisch riecht ... Das hat nichts mit Neugierde zu tun. Glauben Sie mir. Es ist der grenzenlose Wissensdurst Ihres Kindes. Jedes Schütze-Mondchen ist nicht nur ein wißbegieriger Mensch, sondern hat auch eine sehnsuchtsvolle Seele. Schütze-Mondchen sind zwar keine ausgesprochenen Träumer, aber sie haben eine wirklich große Vorstellungskraft. Verzichten Sie auf Kindervideos. Sehr viel anregender für den Geist Ihres Kindes sind Hörspielkassetten. Sie lassen ihm genug Freiraum für eigene Interpretationen und Träume.
Auf Disharmonien innerhalb der Familie, aber auch innerhalb seiner Erziehung reagiert es mit Rückzug, vielleicht gar mit Zynismus oder Sarkasmus. Unehrlichkeit wittert ein Schütze-Mondchen meilenweit gegen den Wind. Wenn Sie ihm ein Verbot erteilen, muß es einen triftigen Grund dafür geben. Nur weil es für Sie so bequemer ist – das funktioniert nicht bei einem Schütze-Mondchen. Es wird sich stets dagegen wehren, ein demütiger, kleiner Sklave zu sein. Akzeptieren Sie diesen Wesenszug. Im Erwachsenenleben wird er das Erfolgsrezept Ihres Kindes sein!
Man kommt nicht daran vorbei: Schütze-Mondchen sind zwar herausragende Sportler, doch als Kinder überaus linkisch. Sie stolpern über ihre eigenen

Füße, über den Bettvorleger; sie bleiben an der Tischkante hängen oder am Türgriff, fallen die Treppe herunter oder die Bordsteinkante. So sollten Sie bei der Wahl einer Sportart zunächst einmal über solche Disziplinen nachdenken, die das Körperbewußtsein fördern.

ABC – oje?

Keineswegs! Der Wissensdurst ist derart ausgeprägt, daß es eigentlich nur an einem langweiligen oder spröden Lehrer liegen kann, wenn Ihr Schützekind nicht mindestens unter den zehn Besten der Klasse ist. Ideal für Schütze-Mondchen sind Schulen mit fortschrittlichen Lernmethoden und modernen pädagogischen Ansichten. Es wird ihnen allerdings auch dort schwerfallen, stundenlang ruhig zu sitzen. Pausen sind wichtig für Ihr Kind. Dort wird es laufen, sich austoben, die eingeschlafenen Glieder recken und strecken. Und auch seinen Geist.
Das stilisierte Symbol des Schützen ist ein Pfeil mit Querbalken. Er sieht aus wie die Verlängerung des vorherigen Skorpion-Zeichens. Voll Sehnsucht ist der Pfeil nach oben gerichtet. So, als wollte er sich

hinaufschwingen zum Himmel. Abheben und zur Sonne fliegen. Doch leider wird Ihr Schütze-Mondchen vom Alltag allzuoft auf der Erde festgehalten. Im Kindergartenalter, aber spätestens im Schulalter wird sich Ihr Kind kleine Fluchtmöglichkeiten ausdenken. Es wird sich eine Baumhütte bauen oder eine Höhle buddeln. Es wird sich mit einem spannenden Buch auf dem Speicher verstecken oder mit einem Spielzeug unter Papas Schreibtisch verschwinden. Schütze-Mondchen entwickeln sich recht früh zu sehr selbständigen kleinen Persönlichkeiten, die ihren eigenen (Frei-)Raum brauchen. Unterdrücken Sie sein starkes Freiheits- und Unabhängigkeitsbedürfnis nicht.

Spiel und Sport, Spaß und Spannung

Die Natur fasziniert Schütze-Mondchen. Vielleicht gewöhnen Sie sich regelmäßige Spaziergänge im Wald, am Fluß, über Wiesen und Felder an? Schenken Sie ihm einen Blumenkasten, in dem es die Pflanzen seiner Wahl aufziehen kann. Kresse oder Bohnen wären als Einstieg ideal, weil diese Pflanzen schnell wachsen und die Geduld Ihres Kindes nicht überstrapazieren. Schenken Sie ihm Nachschlagewerke, die sich um Pflanzen und Tiere, um das Wetter und die Sterne drehen. Später kommen sicherlich solche über die Raumfahrt hinzu. Und schließlich werden es Bücher über ferne Länder sein. Im Herzen eines jeden Schütze-Mondes schlummert ein Seefahrer, ein Flieger oder ein Wanderer.
Schütze-Mondchen zieht es bei Wind und Wetter

nach draußen. Achten Sie auf viel Bewegung, sie ist wichtig für die gesunde Entwicklung Ihres Feuerkindes. Alle Sportarten, die das „Fernweh" heilen, sind ideal: Radfahren, Rudern, Skilaufen, Surfen, Segeln.

Das Kuscheln und Schmusen

Als Säugling und Kleinkind sucht ein Schütze-Mondchen ständig Körperkontakt. Beim Vorlesen kuschelt es sich an den Papa, bei der Gute-Nacht-Geschichte in die Arme der Mama. Das Zärtlichkeitsbedürfnis ist sehr groß, allerdings nie von langer Dauer. Ein paar Minuten schmusen – und dann reicht's erstmal wieder. Dafür aber oft. Mit drei, vier Jahren werden diese „Sentimentalitäten" wahrscheinlich auch bei Ihrem Schatz seltener. Liebe basiert für Ihr Kind weniger auf körperlichen Zärtlichkeiten als auf Vertrauen, Ehrlichkeit und Toleranz.

Das Steinbock-Mondchen

Ein Klettermaxe mit hohen Zielen

Es wird nicht dramatisch auf den Wickeltisch trommeln, um Ihnen klarzumachen, was es will. Nein, Steinbock-Mondchen gehen diplomatisch vor. Oder sie warten einfach geduldig ab, bis man ihr Schweigen richtig interpretiert. Lernen Sie also als erstes, in seinem Gesichtchen zu lesen!

Großtante Martha kommt zu Besuch. Sie hat Ihrem Steinbock-Mondchen ein neues Spielzeug mitgebracht: eine kleine Lokomotive, die bimmelt, wenn man auf den Schornstein drückt. Begeistert setzt sie sich zu dem Baby auf den Boden, packt die Lok aus und drückt auf den Schornstein. „So ein sönes Bimmel-bimmel, Schatzileinchen. Kannst du tut-tut-tut machen. Schau, das Lokchen macht singe-singe zu meinem Putzilein!" Ihr Kind wird die Großtante vermutlich sehr ernst und sehr nachdenklich anschauen. Der Blick spricht Bände: „Wie albern können die Großen denn eigentlich noch werden?" Großtante Martha wird ihn in ihrer Begeisterung wahrscheinlich nicht wahrnehmen. Aber Sie. Baby-Sprache? Ihr Steinbock-Mondchen lacht sich innerlich garantiert schlapp darüber.
Sie werden solch einem Blick noch öfters begegnen. Steinbock-Mondchen wirken vom ersten Lebenstag an reifer, nachdenklicher und irgendwie auch kühler als andere Babys. Und sie bringen noch eine Eigenart mit auf die Welt: Runzeln im Gesicht, die sie wie Miniatur-Greise aussehen lassen. Die Runzeln sind allerdings ein gutes Orakel: Schon bald wird das Gesichtchen glatt und faltenlos sein – und bis ins hohe Alter auch so bleiben. Beinahe könnte man meinen, Steinbock-Mondchen hätten die Falten als Ausdruck ihrer Reife und Weisheit schon als Babys mitbekommen, um später dann, wenn all die anderen eine schlaffe, runzlige Haut haben, immer noch blühend und rosig auszusehen.
Tatsächlich ist es nämlich so, daß Steinbock-Mondchen als Kinder und Teenager stets älter aussehen als

ihre gleichaltrigen Spielgefährten oder Freunde. Später dann kippt das ins Gegenteil um. Ab etwa dem dreißigsten Lebensjahr scheinen Steinbock-Mondchen nicht mehr zu altern. Selbst mit siebzig oder achtzig wirken steinbockbetonte Menschen attraktiv, jugendlich und frisch.

Der eiserne Wille

Ihr Schatz weiß ganz genau, was er will. Und natürlich auch, was er nicht will. Er wird Ihnen seine Wünsche oder Abneigungen aber nicht auf dem Silbertablett präsentieren. Sie müssen ihn ganz genau beobachten, seine Blicke studieren und sein Schweigen interpretieren lernen. Sehr sensible Mütter und Väter fühlen sich im Umgang mit solch einem stillen, disziplinierten Baby manchmal verunsichert. Sie vermissen die Fröhlichkeit, Unbekümmertheit und die Zärtlichkeiten, die sie von den Babys der Freunde kennen. Machen Sie sich deswegen keine Sorgen. Steinbock-Mondchen hängen

weit mehr an ihren Lieben, als sie zeigen (können). Sie hängen treu an Heim und Familie, was Sie spätestens dann bemerken werden, wenn Baby anfängt zu krabbeln. Es wird sich nie weit von Ihnen entfernen.

Heim, Herd und Familie

Wie bereits gesagt, hängen Steinbock-Mondchen sehr stark an der häuslichen Umgebung. Und an Ihnen. Falls Sie einen Garten mit einer Sandkiste haben, wird sich Ihr Schatz höchstwahrscheinlich dort nur dann zu schaffen machen, wenn Sie dabei sind. Er wird sich nie weit von Ihnen entfernen, denn Sie sind seine Sicherheit, die er im Grunde seines Herzens trotz aller Kühle oder Reife so sehr braucht und sucht. Er braucht lange, bis er mit einem Menschen warm ist. Vielleicht müssen Sie zwanzigmal auf dem Spielplatz gewesen sein, ehe er sich dem Mädchen nähert, das dort auch jeden Tag spielt. In seinem Kinderzimmer legt er keinen großen Wert auf Kuschelecken oder auf überflüssigen Schnickschnack. Steinböcken wird ein Hang zum Spartanischen nachgesagt. Sie brauchen zu ihrem Kinderglück wenig Spielzeug, und wenn, dann „praktisches“. Geben Sie Ihrem Schatz einen Kochtopf und einen Kochlöffel – und er wird zufrieden sein. Wenn er sich ein Spielzeug wünschen darf, wird er sich für einen Baukasten oder ähnliches entscheiden, womit er etwas basteln oder bauen kann, das eine Funktion hat. Auch kleine Steinbock-Ladies mögen eher funktionelle Dinge. Sie wünschen sich vielleicht einen Kaufladen oder einen Doktorkoffer.

Sie werden früh (und wahrscheinlich dankbar) feststellen, wie systematisch Ihr Spatz an die Dinge herangeht. Er wird sein eigenes System erfinden, nach dem er seine Sachen ordnet. (Eine Warnung: Bringen Sie es niemals durcheinander, sein System. Steinbock-Mondchen dürfte darauf äußerst gereizt reagieren!) Sehr verblüffend, wie übersichtlich die Bücher, die Bausteine, die Puppenkleider, die Autos und die Stofftiere aufgeräumt werden. Niemals planlos. Chaos ängstigt Ihr Kind. Der Spruch „Ordnung ist das halbe Leben" könnte von einem Steinbock-Mond stammen. Aber: Was ist dann die andere Hälfte? Der Ehrgeiz!

Hilfe, Steinböckchen trotzt!

Und wie! Sie erkennen Ihren Schatz während seines zweiten und dritten Lebensjahres manches Mal wahrscheinlich kaum wieder. „Ich will", wird er schreien. Und Sie dabei derart wütend und aggressiv anschauen, daß Sie im ersten Moment weiche Knie vor Schreck bekommen. „Das soll mein Kind sein? Das eher schüchterne, anhängliche kleine Wesen?" werden Sie sich erschüttert fragen. Stellen Sie sich lieber auf lange Kämpfe ein. Gut ist, daß die Wutanfälle seltener vorkommen als bei temperamentvolleren Mondchen wie zum Beispiel den Zwillingen oder den Widdern. Aber dafür umso gewaltiger. Ein Steinbock-Mondchen gibt nicht leicht nach. Und schon gar nicht auf. Am besten, Sie denken lieber gleich über einen Kompromiß nach, mit dem Sie beide leben können. Härte hilft bei einem Steinbock-Mondchen wenig.

Kinderspiele – ein Blick in die Seele!

Steinbock-Mondchen zeichnen äußerst gerne. Wenn Ihr Kind alt genug ist, um sich künstlerisch auszudrücken, wenn es Formen und alles andere, was es bewegt, wiedergeben kann, dann sollten Sie sich seine Bilder einmal genauer anschauen. Weil es über seine eigenen Belange keine großen Worte verliert, können die Bilder ein Blick in sein Seelchen sein. Wirklich süß ist, wenn ein Steinbock-Mondchen sein Lieblingsspiel spielt: groß sein wie Mama und Papa. Einfach herrlich, mit welch einer Genauigkeit ein Steinbock-Mondchen seine großen Vorbilder kopiert. „Iß jetzt diese Suppe!" wird es Ihnen mit erhobenem Zeigefinger sagen. Und Sie dann streng und unnachgiebig anschauen. Na, kommt Ihnen das nicht irgendwie bekannt vor? Auch Steinbock-Mondchen sehnen sich nach körperlicher Zuneigung. Sie reagieren eben nur anders darauf. Und

wieder einmal: Sie können Ihnen diesen sehnsüchtigen Wunsch nur selten zeigen. Deshalb ganz wichtig: Versuchen Sie, Ihrem Schatz oft ganz nah zu sein. Er spielt nach außen hin gerne den großen Helden, den nichts und niemand so leicht erschüttert, doch drinnen, tief drinnen in seinem Herzchen ist er sensibel, empfindsam und leicht verletzlich. Er braucht Ihre Liebe. Eben nicht nur verbal, sondern auch körperlich.

In der Schule: allein auf weiter Flur

Ziemlich gemischte Gefühle werden das Steinbock-Mondchen auf seinem ersten Schulweg begleiten. Denn tief in seinem Inneren spürt er, daß die unbeschwerten Kindertage in Ihrer Nähe nun vorbei sind. Falls Ihr Schatz im Kindergarten war, wird er sich schnell zurechtfinden. Falls nicht, sollten Sie ihn in langen, positiven Gesprächen darauf vorbereiten. Gefallen wird ihm die Disziplin, die dort herrscht.

Er wird sich zwar nicht durch bedeutende Geistesblitze oder häufiges Melden hervortun, doch die Lehrer schätzen Steinbock-Mondchen wegen ihrer Gründlichkeit, ihrer Konzentrationsfähigkeit und ihrer Genauigkeit. In der Regel kommen diese Kinder nach Hause, essen und erledigen dann ihre Pflicht. Spielen? Na, klar. Aber erst, wenn die Arbeit getan ist! Super. Und dann, nach einigen Wochen, vielleicht sogar Monaten, wird es einmal an Ihrer Haustüre klingeln. Ein fremdes Kind wird dort stehen und nach Ihrem Mondchen fragen. Freuen Sie sich: Ihr Kind hat Freundschaft geschlossen. Jede Wette: Sie wird auch in zwanzig Jahren noch bestehen. Rechnen Sie nicht damit, daß Ihr Kind einen großen Bekanntenkreis haben wird (es sei denn, es hat ein extrovertiertes Sonnenzeichen oder viele Planeten in einem solchen). Es trägt sein Herz nicht auf der Zunge und sucht sich seine Freunde sehr sorgfältig aus.

Sport: Bitte keine großen Sprünge

Viele Steinbock-Mond-Eltern berichten mir, daß ihr Kind relativ bewegungsfaul sei. Nun, ein ausdauernder Langstreckenläufer oder ein wagemutiger Turmspringer steckt sicherlich in den wenigsten Kindern dieses Mondzeichens. Eher schon ein Wanderer, ein Radfahrer oder ein Skilangläufer. Steinbock-Kinder mögen wie die anderen beiden Erdzeichen (Stier und Jungfrau) die Natur. Allerdings muß man viele dieser Mondchen erstmal zu ihrem Glück zwingen. Durch ihre Anhänglichkeit ziehen sie – wie gesagt –

Spiele innerhalb der Wohnung vor. Unternehmen Sie deshalb zunächst kleinere Wanderungen.

Worauf Sie achten sollten

Es liegt in der Natur des Steinbock-Zeichens, daß es sehr viel von sich selbst verlangt, sich selten Ruhe und Entspannung gönnt und äußerst hart zu sich selbst sein kann. Schmerzen werden meist klaglos ertragen. Leider auch Kummer und Trauer. Falls Sie es nicht schon tun, dann sollten Sie sich am besten abends vor dem Zubettgehen eine halbe Stunde Zeit für Ihren Steinbock-Schatz nehmen, ihm eine fröhliche Geschichte erzählen, ihn dabei streicheln und liebhaben. Lachen Sie viel und oft mit Ihrem Kind, toben Sie ruhig auch mal auf dem Bett herum. Das befreit Ihr Kind von den dunklen Gedanken, die es manchmal hat. Und noch ein guter Tip: Bringen Sie Ihrem Kind ab und zu ganz überraschend eine Kleinigkeit mit. Nichts Großartiges. Vielleicht einen Lolli. Oder ein kleines Stofftierchen. Ein neues Malbuch. Oder einen süßen Schlüsselanhänger. Sagen Sie ihm, daß Sie ganz arg an ihn gedacht und deshalb etwas für ihn ausgesucht haben. Um ihm eine Freude zu machen, weil sie ihn so lieb haben. Diese kleinen Liebesbeweise sind dem Mini-Steinböckchen sehr wichtig. Es wird sie wie einen Schatz hüten. Er wird sich nicht von ihm trennen. Genausowenig wie von Ihnen. Als „Familientier" geboren, wird der Steinbock-Mond auch als Erwachsener fest zu Ihnen stehen. Weniger als Kind, sondern als guter Freund oder beste Freundin.

Das Wassermann-Mondchen

Kleiner Rebell mit grossem Herzen

Die Gedanken jagen wie Blitze durch sein Köpfchen. Es denkt mit Lichtgeschwindigkeit und besitzt darüber hinaus auch noch eine mächtige Portion Intuition. Wassermann-Mondchen wird Sie ordentlich auf Trab halten. Mit seinen Fragen. Aber auch mit seinem genialen Erfindergeist ...

Im vergangenen Sommer besuchte ich wieder einmal meine Freundin, deren Wassermann-Mondchen damals knapp zwei Jahre alt war: Laura, ein süßes, außergewöhnlich cleveres kleines Mädchen. Irgendwann entdeckte sie auf der Terrasse die große grüne Fünfzehn-Liter-Gießkanne ihres Vaters, der damit abends immer die Blumen goß. Mit all ihrer Kraft schleppte sie die Kanne zur Regentonne, aus der der Vater das Blumenwasser holte. Verzweifelt versuchte sie, wie der Papa die Öffnung vor den winzigen schwarzen Hahn zu halten. Doch wie auch immer sie die Kanne hielt – der Griff war im Weg. Laura war schon damals kein Geduldsengel. Wütend knallte sie schließlich die Kanne gegen das Regenfaß. Wir warfen uns Blicke zu und warteten neugierig ab, was nun wohl passieren würde. Ein Trotzanfall? Nein, glücklicherweise nicht. Laura beruhigte sich sehr schnell, stellte die Kanne vor die Regentonne, setzte sich davor – und dachte nach. Man konnte förmlich sehen, wie es in dem kleinen Köpfchen arbeitete. Schließlich hatte sie eine Idee. Eine geniale, wie ich finde: Sie nahm die Kanne, stülpte die Schnabelöffnung über den Hahn (eine Millimeterarbeit!) und drehte ihn auf. Gluckernd und sprudelnd lief das Wasser in die Kanne. Laura strahlte und blickte sich stolz um. Wir klatschten natürlich begeistert Beifall. Das Wassermann-Mondchen hatte seinem Erfindergeist alle Ehre getan!
Wassermann-Mondchen stellen ihre Eltern oft vor ein Rätsel. „Woher weiß das Kind das?“ oder „Wie kommt es nur auf solch eine Idee?“ sind Fragen, die sich Mütter und Väter eines Wassermann-Kindes viel

öfter als andere stellen. Ja, woher? Astrologisch ordnet man dem Wassermann den Planeten Uranus als Herrscher zu. Uranus symbolisiert alles Überraschende, Urplötzliche. Und ganz ähnlich arbeitet der Geist Ihres Kindes: Wie Blitze jagen die Gedanken durch seinen Kopf. Es denkt mit Lichtgeschwindigkeit und besitzt darüber hinaus auch noch eine gehörige Menge Intuition. Nach außen hin ist davon allerdings kaum etwas zu spüren. Wassermann-Mondchen wirken ruhig und genügsam – doch wehe, wenn sie (auf ein Problem) losgelassen! Ein wirklich freundliches und durchaus fürsorglich gemeintes „Nein!" reicht oft aus, um eine mehr als heftige Reaktion hervorzurufen. (Wassermann-Mondchen denkt: „Das will ich gefälligst selbst herausfinden!")

Genie und Wahnsinn

Beides liegt nah beieinander, sagt man. Und Sie werden wohl hautnah erleben, was damit gemeint ist. In einem Moment erfindet Ihr Spatz aus alten Teilen gerade eine völlig neue Küchenmaschine, im nächsten donnert Ihre Lieblings-CD in solch einer Lautstärke los, daß die Nachbarn über Ihnen leichenblaß vor Schreck vor Ihrer Wohnungstür auftauchen. Ist Ihr Spatz plötzlich ausgeflippt? Nein, er wollte doch nur mal hören, was passiert, wenn man den großen schwarzen Knopf ganz, ganz, ganz nach rechts dreht.

Babys erste Lebensmonate

Sie freuen sich über dieses brave, genügsame und ausgeglichene Baby. Ihre Freundinnen beneiden Sie glühend um dieses Prachtkind, das außerdem ziemlich bald schon nachts durchschläft. Doch etwas kommt Ihnen seltsam vor: Warum kneift Ihr kaum drei Monate altes Wonnebündel denn so komisch seine Augen zusammen, wenn sich das bunte Mobile über seinem Bettchen dreht? Braucht das Kind etwa schon eine Brille? Keineswegs. Es denkt garantiert darüber nach, was für ein Antriebssystem dieses Ding wohl zum Schweben bringt.
Na, ahnen Sie etwas: Richtig vermutet – Sie haben ein Wunderkind bekommen. Natürlich halten alle Eltern ihr Kind für etwas ganz Besonderes. Hier liegt die Sache aber anders. Wassermann-Mondchen haben eine fast unheimliche Wahrnehmungsgabe, eine haarscharfe Logik und einen schöpferischen

Geist mit auf den Lebensweg bekommen. Nicht umsonst häufen sich unter den Wassermann-Monden die genialsten Erfinder, die phantasievollsten Künstler und die engagiertesten Rebellen.

Spielen – aber richtig!

Es hat wahrscheinlich recht wenig Sinn, Ihrem Wassermann-Mondchen, das gerade sitzen gelernt hat, einen bunten Ball zwischen die Beinchen zu legen. Mit solch einem langweiligen Teil wird es kaum etwas anfangen können. Ihr Schatz braucht etwas in seinen kleinen Händen, das er genauestens untersuchen, in sich drehen und wenden kann. Das möglichst von jeder Seite anders aussieht und sich darüber hinaus auch noch auseinandernehmen läßt. Versuchen Sie es doch mal mit den berühmten magischen Würfeln!
Vermutlich müssen Sie Ihr Kind dazu ermuntern, sich auf die Knie zu heben und krabbeln zu lernen. Zwar arbeitet sein Geist auf Hochtouren, doch sein Körperchen ist in der Regel eher träge. Logisch, wenn man sich vor Augen führt, daß die meiste Energie fürs Denken gebraucht wird. Also: Krabbeln Sie voraus, auch wenn Sie sich dabei ein bißchen albern vorkommen. Legen Sie sein Lieblingsspielzeug etwas entfernt von ihm hin. Oder setzen Sie sich einen Meter weg von ihm, und locken Sie ihn mit einem liebevollen „Komm, mein Schatz, komm!" Läuft es endlich, ist Wassermann-Mondchen jetzt kaum mehr zu bremsen. Sehr schnell findet es heraus, daß man auf seinen Beinen einen

weitaus größeren Aktionsradius hat. Endlich kann man sich die Palme aus der Nähe anschauen und untersuchen, wie biegsam die Stengel sind. Und da ist doch auch noch Vaters unterste Schreibtischschublade! Ein so herrliches Unterhaltungsspiel: alles ausräumen und dann herausfinden, ob all die Sachen auch wieder hineinpassen. Die Schublade wird vielleicht Ihr erster Babysitter. Denn mit dem Aus- und Einräumen können sich besonders Wassermann-Mondchen stundenlang beschäftigen!
Behalten Sie Ihr Kind im Auge. Jede Sekunde. Mit seinem schnellen Denken und Handelnwollen kann der Körper oft nicht Schritt halten. Im wahrsten Sinne des Wortes: Stürze, ein angestoßenes Köpfchen, verstauchte Knöchel, aufgeschlagene Knie sind die ständigen Begleiter Ihres Lieblings (bis ins Teenager-Alter!). Decken Sie also vorsichtshalber Tisch-, Bett- oder Schrankkanten ab, und „entschärfen" Sie ganz allgemein Ihre Wohnung.
Diese uranusbeseelten Kinder tun alles, damit es anderen gut geht. Sie werden verwöhnt werden, Ihr Kind wird es genießen, Sie ab und zu zu bemuttern, Ihnen Einschlafgeschichten zu erzählen und Ihnen morgens den Kaffee ans Bett zu bringen. Dementsprechend ist es in Ihrer Familie beliebt, bei Ihren Freunden – und bei seinen. Davon wird es reichlich geben. Richten Sie sich darauf ein, daß Ihr Spatz (spätestens) ab dem Kindergartenalter öfter mit ein, zwei, drei Kamerädchen auftaucht, die er großzügig zum Mittagessen eingeladen hat. Oder zu Kakao und Kuchen. Je spontaner Sie auf seine Blitzgedanken eingehen, desto wohler fühlt sich Ihr Kind. Und

desto besser kann es sich entwickeln. Klar, es ist eine Herausforderung und eine große Verantwortung, solch ein Geistesbündel zu erziehen. Es will alles wissen, weil es schließlich einmal die Welt verändern wird. Das ist sicher.

Tagträumen? Am liebsten in der Schule!

Doch bevor es tatsächlich Rebellenführer, Ozeanograph, Astrophysiker, Astronaut oder auch Primaballerina wird, muß es eben erst einmal die Schulbank drücken. Für die meisten Wassermann-Geborenen ein lästiges Übel. Warum erklärt die Lehrerin denn alles so ausführlich und langatmig? Auch hier brillieren diese Kinder – allerdings nur dann, wenn sie von einem „Lehrkörper" unterrichtet werden, der um ihren schnellen und scharfen Verstand weiß. Wassermann-Mondchen lösen die gestellten Aufgaben in Windeseile, doch darf man von ihnen nie eine Erklärung verlangen, wie sie auf die (natürlich richtige!) Lösung kamen. Viele entwickeln für sich völlig neue und sehr viel einfachere Formeln, besonders in Fächern wie Mathematik, Physik oder Chemie. Konservative Lehrer, die auf die Einhaltung bestehender „Gesetze" pochen, werden ein Greuel sein für Ihren Junior oder für Ihr Wassermann-Mond-Mädchen. Und was passiert, wenn der Lehrer weit ausholt, alles wieder und wieder für die langsameren Schüler erklärt? Wassermann-Mondchen beginnt zu träumen. Wassermann-Mondchen denken und verstehen intuitiv. Sie finden die Lösung, doch keiner weiß (nicht einmal sie selbst), wie.

Spiel, Sport und Spaß ist angesagt!

Wie bereits gesagt, muß man ein Wassermann-Mondchen normalerweise zur körperlichen Bewegung drängen. Das gelingt sehr viel leichter, wenn Sie sich nach Sportgeräten erkundigen, die vielleicht gerade erst in Amerika auf den Markt kamen. Auch wenn es einigen Aufwand bedeutet, versuchen Sie, an solch ein Ding heranzukommen. Warum? Wassermann-Mondchen sind die Trendsetter unter den Tierkreiszeichen (weswegen Sie übrigens für uns „Normale“ höchst merkwürdige Ansichten über Mode haben!). Herkömmliche Dinge interessieren sie höchst selten. Vielleicht basteln Sie mit Ihrem Kind aber auch mal

wieder eine gute alte „Seifenkiste", die schon so lange „out" ist, daß sie neu entdeckt werden könnte? Rechnen Sie aber lieber nicht damit, daß sich Ihr Mädchen oder Ihr Junge sehr lange mit dem Gerät befaßt. Wenn es die Seifenkiste (Rollerskates, das Snowboard) erst einmal beherrscht, wird es nach einem neuen Sportgerät verlangen.
Spielen Sie abends in ruhiger Umgebung Gedächtnisspiele mit Ihrem Schatz. Erzählen oder lesen Sie Geschichten vor und fragen Sie ein paar Tage später nach Einzelheiten daraus. So fördern Sie die Konzentration und die Merkfähigkeit, an denen es Wassermann-Mondchen immer wieder mangelt.

Ein paar Erziehungstips

Achten Sie doch einmal darauf, ob Ihr Kind öfters sagt: „Das kann ich nicht!" oder „Das macht mir angst!" Viele Wassermann-Mondchen schummeln sich nämlich mit allerlei Ausflüchten um Verantwortung herum. Lassen Sie es seine eigenen Entscheidungen treffen. Aber sorgen Sie mit Ausdauer und viel Geduld dafür, auch danach zu handeln. Falls Sie mitten in einer Streßphase stecken, Kummer haben oder ein Streit mit dem Partner in der Luft liegt, dann reden Sie mit Ihrem Kind darüber. Altersgerecht natürlich. Intuitiv, wie Ihr Kind ist, wird es nämlich fühlen, daß etwas mit Ihnen oder innerhalb der Familie nicht stimmt. Lassen Sie es dann nicht alleine mit seiner Sorge und dem kindlichen Denken, „schuld" zu sein. Sprechen Sie viel und oft mit Ihrem Kind.

Das Fische-Mondchen

Ein Kind wie von einem anderen Stern

Legen Sie sich lieber gleich die alten Märchenbücher zurecht. Fische-Mondchen brauchen Geschichten wie die Luft zum Atmen. Von Feen und Elfen, von Prinzen und Zauberern. Je phantastischer, desto besser. Irgendwie wirken diese Kinder selbst wie aus einer anderen Welt: entrückt, verträumt und unglaublich romantisch.

Es ist Mitternacht, und Sie sitzen mit müden Augen im Wohnzimmer. Vor Ihnen thront Ihr Fische-Mondchen und schubst Ihnen, quietschend vor Vergnügen, immer wieder den großen roten Ball zu. „Wann wird dieses Kind denn endlich einmal müde?" Dreimal haben Sie bereits versucht, es in sein Bettchen zu verfrachten. Dreimal haben Sie es nach einem halbstündigen herzzerreißenden Gejammere wieder herausgeholt. Kaum auf den geliebten Armen, strahlt es Sie an – und mitten in der Nacht geht für Sie die Sonne auf. „Wenn ich es heute nachmittag nur aufgeweckt hätte", denken Sie zerknirscht. Fünf Stunden lang hat der Spatz friedlich geschlafen. Jetzt ist er fit. Eben hat er sein Gute-Nacht-Fläschchen getrunken. Klar, er hat ja das Abendessen verschlafen ...

„So weit wird es bei uns nie kommen!" denken Sie jetzt? „Wir werden durchgreifen!" Ich bin gespannt. Fische-Mondchen haben ihren ganz eigenen Tages- und Lebensplan und halten sich nicht an die gängigen Zeiten. Sie essen, wann *sie* Hunger haben, sie schlafen, wann *sie* müde sind und spielen, wann *sie* Lust dazu haben.

Und nun haben Sie sich gerade damit abgefunden, daß Ihr Schatz eine Nachteule ist – und schon ändert sich wieder alles: Plötzlich schläft es nachts selig durch, Sie auch – und die Welt ist wieder in Ordnung. Aber wie lange? Verlassen Sie sich bei Ihrem Fische-Mondchen auf gar nichts. Morgen ist nämlich schon wieder alles anders! Sie merken es schon: Flexibilität ist alles in einer Familie mit einem Fische-Mondchen.

Ach, wie süß!

Die Natur hat noch für etwas ganz anderes gesorgt: dafür, daß niemand einem Fische-Mondchen (lange) böse sein kann! Viele Fische-Mond-Babys wirken von Geburt an zierlicher und zerbrechlicher als ihre prallen Altersgenossen. Doch das sollte Sie nicht darüber hinwegtäuschen, daß dennoch ein starker Wille hinter der glatten, milchglasfarbenen Stirn wohnt. Allerdings wird er nur höchst selten schreiend, brüllend oder kreischend kundgetan. Nein: Fische-Mondchen schauen einen aus großen, bittenden Augen an, klatschen mit den winzigen Händen ein herziges „Bitte, bitte“ und kuscheln sich liebevoll an Sie.

Durch ihre normalerweise eher zarte Konstitution sind Fische-Mondchen in der Regel krankheitsanfälliger als andere, robustere Kinder. Man sagt, Klassik sei die Musik der Engel. Versuchen Sie es doch einfach mal bei Ihrem Wunderwesen, wenn es unruhig ist, Zähnchen bekommt oder kränkelt. Je sanfter die Musik, desto besser.

Stillkinder sind zufriedene Kinder, sagt man. Dies trifft besonders auf Fische-Mondchen zu. Natürlich lieben es alle Babys, an Mutters Brust zu liegen, zu nuckeln, dabei einzuschlummern und sich nichts als sicher und geborgen zu fühlen. Ihr Fische-Schatz wird dabei aber einen besonders verträumten Ausdruck auf seinem Gesichtchen haben. Er wird sicherlich nicht sehr viel trinken, dafür aber öfter. Später dann, wenn er ein paar Zähnchen hat und mit dem Rest der Familie am Tisch ißt, wird er diese

Eßmethode wohl beibehalten. Nicht viel, dafür öfter. Kommen Sie Ihrem Fische-Mondchen lieber nicht mit deftigen Bratkartoffeln oder Hackbraten (es sei denn, es hat ein Erdsonnenzeichen!). Dieses Zeichen mag schaumige, weiche und leicht verdauliche Speisen. Kartoffeln? Aber klar: als cremiger Brei. Fleisch? Wenn schon, dann in einer herrlich duftenden Sauce Bolognese. Fisch? Logisch. Am liebsten mit einer sahnigen Sauce.

Träumen ist ja so schön!

Wenn Ihr Schatz krabbelt und die „weite Welt" entdeckt, wird sich Ihre Wohnung oder Ihr Haus über Nacht in ein riesiges, wundervolles Märchenland verwandeln. Es sieht Feen und Zauberer, wo andere nur Blumentöpfe oder Palmen erblicken. Es erspäht Fabelwesen, wo andere nur die Garderobe sehen. Es kämpft mit Geistern, spielt mit Elfen, es spricht mit imaginären Freunden und sucht Trost bei seinen Schmusetierchen. Ihr Fische-Mondchen hat die Poesie auf die Welt gebracht. Erzählen Sie ihm viele Märchen. Aber bitte solche, die ohne böse Männer und Hexen auskommen. Fische-Mondchen haben die sensibelsten Seelchen. Und die größten Ängste. Lachen Sie dann bitte nicht über diese kindlichen Ängste. Ihrem Fische-Mondchen ist es todernst damit.
Bei keinem anderen Zeichen findet man eine derart ausgeprägte Intuition. Lachen Sie bitte nicht, wenn Ihnen Ihr Kind von einem fernen Land erzählt, in dem es Königin oder König war. Vielleicht auch nur

ein armer Bettler. Hören Sie genau zu. Fragen Sie nach der Umgebung, nach den dortigen Freunden. Man sagt, Kinder bis zu vier, fünf Jahren könnten sich genau an ihre Vorleben erinnern. Die sensiblen Fische-Mondchen ganz besonders. Tun Sie die „Erinnerung“ nicht als Humbug oder Hirngespinst ab.

Kleiner Mann, ganz groß?

Da steht es auf seinen wackeligen Beinchen. Erster Schritt, noch einer. Und noch einer. Prima, super! Fische-Mondchen läuft Ihnen entgegen. Ein strahlendes Lachen auf dem Gesichtchen. Purer Stolz. Jetzt beginnt für Ihr Kind eine ganz neue Ära. Aus der Knie- und Sitzhaltung hat es sich aufgestellt, sich Ihnen entgegengestreckt. Jetzt ist es „groß“. Und jetzt werden Sie auch bald Bekanntschaft machen mit seinem Willen. Fische-Mondchen trotzt – aber ganz anders als der zornige, wutschnaubende kleine Widder-Freund. Fische-Mondchen will etwas haben und bekommt es nicht. Es strahlt Sie an. Sie bleiben

eisern. Es bettelt, schmust, flirtet. Sie bleiben hart. Schließlich ändert Fische-Mondchen seine Trotz-Taktik. Sie werden ein paar Tage lang leiden. Worunter? Unter dem Schweigen Ihres Fischleins. Oder darunter, daß Ihnen Ihr ansonsten zärtliches Kind plötzlich ausweicht. Liebt es Sie nicht mehr? Aber sicher. Ihre Zweifel sind bereits der Vorbote Ihrer Kapitulation.
Keine Sorge: Fische-Mondchen neigen nicht dazu, Ihre Eltern mit diesem Verhalten zu tyrannisieren. Und falls doch einmal eine härtere Gangart angesagt sein sollte, dann achten Sie auf Ihre Worte. Fische-Mondchen sind äußerst empfindsam und leicht verletzlich. Es kann häufig Tränen geben. Besonders dann, wenn man sie schroff behandelt. Die Trotz-Attacke zu ignorieren ist die bessere Methode.

Spielen und lernen

Ihr Schatz ist etwas ganz Besonderes. Seine größten Fähigkeiten liegen im musischen Bereich. Wie bereits gesagt, ist an jedem Fische-Mondchen ein kleiner Poet verlorengegangen. Ermuntern Sie Ihr Kind, seine Träume zu Papier zu bringen. Zunächst in Form von Zeichnungen, später dann, wenn es schreiben kann, auch in Worten. Musik und Tanz sind ihm wichtig. Fische-Mond-Mädchen sind in Ballettschulen oft die talentiertesten, Fische-Mond-Jungs in den Musikschulen. Geige liegt beiden, auch Klavier und Flöte.
Vorsicht: Fische-Mondchen neigen dazu, sich eher im Dunstkreis der Erwachsenen aufzuhalten. Andere

Kinder sind ihnen oft zu lebhaft, zu rüpelhaft oder zu frech. Sorgen Sie also dafür, daß Ihr Spatz schon früh ein Kamerädchen hat, später zwei oder drei.

Der Ernst des Lebens

Er trifft Ihren kleinen, süßen und verträumten Schatz ganz besonders hart. Die Schulroutine, der Alltagstrott, das stundenlange Konzentriertseinmüssen – all das zerrt an den Nerven Ihres Lieblings. Immerhin verliert er eine Unmenge an Zeit für seine Träume, oder? Seien Sie nicht verärgert, wenn Sie vom Lehrer eines Tages einen Anruf bekommen, in dessen Verlauf er zwar in höchsten Tönen von der Phantasie Ihres Kindes schwärmt, andererseits aber über seine abwesende Art klagt.

Gewöhnen Sie sich an, zusammen mit dem Fische-Mondchen die Hausaufgaben zu erledigen. Legen Sie dazwischen (in den ersten Jahren), aber am besten immer wieder Spielpausen ein. Freuen Sie sich über seine exzellenten Beurteilungen in Deutsch, später dann – welch ein Widerspruch! – in Mathematik, Physik und Chemie. Denn so verträumt und musisch Fische-Mondchen auch sind – den meisten fällt trotz allem logisches Denken leicht.

Im Klassenverband werden Fische-Mondchen oft als die Stillen, Sanften und Ruhigen eingestuft. So ist es für alle überraschend, wenn sich dieses Zeichen plötzlich für Sportarten wie Karate, Judo, Free-Climbing oder ähnliches interessiert. Fördern Sie es, indem Sie es, wenn möglich, auch weiterhin ein Musikinstrument spielen, eine Tanzschule oder eine

Theatergruppe besuchen lassen. Aber überfordern Sie es nicht. Fische-Mondchen brauchen bis ins Teenager-Alter viel Zeit für sich alleine.

Lügen? Oder die Wahrheit?

Wer täglich mit einem Fische-Mondchen zu tun hat, wird sich manchmal fragen, warum dieses Kind so oft „lügt“. Es kommt viel zu spät heim und erzählt Ihnen, daß es noch mit Freund Fritz nach Hause ging und dort gespielt habe. Bei Freund Fritz hatten Sie in Ihrer Sorge aber als erstes angerufen. Fritz war da – Ihr Kind aber nicht. Warum lügt es? Hat es wirklich gelogen? Oder hat es auf dem Nachhauseweg auf einer Bank gesessen und sich intensiv ausgemalt, wie es mit Fritz zusammen im Kinderzimmer sitzt und spielt? Phantasie und Realität sind Dinge, die ein Fische-Mondchen schwer auseinanderhalten kann. Besonders in jungen Jahren. Es lügt nicht, um Sie zu ärgern oder um einer Strafe zu entgehen. Es phantasiert. Hinterfragen Sie also lieber erst seine „Lügen“.

Es braucht viel Liebe, viel Aufmerksamkeit und noch viel mehr Zärtlichkeit. Es gibt kaum etwas Schöneres für ein Fische-Mondchen, als im Arm der Eltern zu liegen und eine Geschichte zu hören. Dabei streicheln die warmen Hände so wunderbar über den Rücken. Spielt dann noch sanfte Musik im Hintergrund und schnurrt vielleicht noch ein Kätzchen um die Beine, ist die Fische-Welt in Ordnung. Ihre Liebe ist der beste Schutz für Ihr empfindsames Kind. Vor all den häßlichen Dingen dieser Erde.